Anturio ar Ynys Môn

Dafydd Meirion

Argraffiad cyntaf: Hydref 2003

ⓗ y testun: Dafydd Meirion

ⓗ y lluniau: Dylan Williams

Cedwir pob hawl.
Ni chaniateir atgynhyrchu unrhyw ran o'r cyhoeddiad hwn, na'i gadw mewn cyfundrefn adferadwy, na'i drosglwyddo mewn unrhyw ddull na thrwy unrhyw gyfrwng, electronig, electrostatig, tâp magnetig, mecanyddol, ffotogopïo, recordio nac fel arall, heb ganiatâd ymlaen llaw gan y cyhoeddwyr,
Gwasg Carreg Gwalch, 12 Iard yr Orsaf, Llanrwst, Dyffryn Conwy, Cymru LL26 0EH.

Rhif Llyfr Safonol Rhyngwladol: 0-86381-863-3

Cynllun clawr: Sian Parri

Argraffwyd a chyhoeddwyd gan Wasg Carreg Gwalch,
12 Iard yr Orsaf, Llanrwst, Dyffryn Conwy, LL26 0EH.
✆ 01492 642031
📠 01492 641502
✉ llyfrau@carreg-gwalch.co.uk
lle ar y we: www.carreg-gwalch.co.uk

Cynnwys

Anturio ar Ynys Môn 8

Nodyn i oedolion 10

1. Brwydr y Bont Gychod
   (Brynsiencyn) 13

2. Santes Dwynwen – Santes Cariadon Cymru
   (Llanddwyn) 21

3. Lladron Crigyll *(Rhosneigr)* 29

4. Madam Wen *(Caergeiliog)* 35

5. Tyger y Ci Dewr *(Rhoscolyn)* 43

6. Lleidr Dyfrydog a Merch Ifan Gruffudd
   (Llandyfrydog) 49

7. Meddygon Esgyrn Môn *(Cemaes)* 57

8. Trychineb y *Royal Charter (Moelfre)* 63

9. Gwrachod Llanddona *(Llanddona)* 71

10. Neidr Penhesgyn *(Penmynydd)* 77

YNYS MÔN

- 1. Brwydr y Bont Gychod
- 2. Santes Dwynwen Santes Cariadon Cymru
- 3. Lladron Crigyll
- 4. Madam Wen
- 5. Tyger y Ci Dewr
- 6. Lleidr Dyfrydog a Merch Ifan Gruffudd
- 7. Meddygon Esgyrn Môn
- 8. Trychineb y *Royal Charter*
- 9. Gwrachod Llanddona
- 10. Neidr Penhesgyn

5 milltir

5 cilomedr

G

Anturio ar Ynys Môn

Ar yr olwg gyntaf, mae Ynys Môn yn edrych braidd yn anniddorol. Mae'n lle gwastad a does dim mynyddoedd uchel na dyffrynnoedd dyfnion yma, ond mae yna hen, hen hanes i'r ynys.

Yma roedd y Derwyddon yn byw erstalwm. Offeiriaid yr hen Geltiaid oedd y bobl hyn, ac fe'u gelwid yn Dderwyddon am eu bod yn byw ac yn addoli mewn coedwigoedd derw. Ond pan ddaeth y Rhufeiniaid i'r ynys, fe laddon nhw'r Derwyddon i gyd gan mai nhw oedd yn arwain y Celtiaid (yr hen Gymry) yn eu herbyn. Erbyn heddiw, does yna fawr ddim coed derw ar ôl ar yr ynys.

Wedi i'r Rhufeiniaid adael, sefydlodd Tywysogion Gwynedd eu llys yn Aberffraw ac roedd yn un o'r mannau pwysicaf yng Nghymru. Ond daeth y Saeson, a threchu'r Cymry a chodi castell enfawr ym Miwmares i gadw trefn ar bobl Ynys Môn.

Dros y canrifoedd datblygodd Ynys Môn i fod yn lle pwysig i gloddio mwynau. Ym Mynydd Parys oedd y gloddfa gopr fwyaf yn y byd ar un amser, ac roedd porthladd Amlwch yn un o'r rhai prysuraf yng Nghymru. Gan mai ynys ydy Môn, byddai nifer fawr o longau'n hwylio ger ei glannau a llawer yn cael eu colli wrth fynd ar y creigiau garw. Lle gwyllt iawn oedd Ynys Môn nes i'r pontydd gael eu hadeiladu ac i'r ffyrdd ymestyn tu hwnt i'r A5 i bob cornel o'r ynys.

Dyma gyfle i chi gael blas ar hanesion Ynys Môn dros y canrifoedd – ei seintiau a'i phobl a'i hanifeiliaid dewr.

Cewch ddarllen amdanynt a mynd am dro i weld ble digwyddodd y straeon difyr. Wrth gerdded, gallwch ddilyn helfa drysor a nodi'r atebion yn y llyfr hwn.

Mae lle yng nghefn y llyfr hefyd i nodi'r holl adar, anifeiliaid a phlanhigion a welsoch ar eich taith. Ar ôl i chi gael yr atebion i gyd, anfonwch gopi o'r dalennau hynny at Wasg Carreg Gwalch. Fe gewch chi dystysgrif am eich gwaith caled.

Hyn sydd i dystio bod

....

wedi bod yn

Anturio Môn

Gwasg Carreg Gwalch

Nodyn i oedolion

Mae pob un o'r teithiau hyn yn rhai cylch, sy'n cychwyn ac yn gorffen yn yr un lle. Maen nhw'n para rhwng awr a thair awr a hanner. Cewch le i barcio car neu bydd arhosfan bws gerllaw pob un. Mae llawer o'r teithiau'n mynd ar hyd llwybrau neu draethau. O bryd i'w gilydd mae angen cerdded ar hyd ffordd â phalmant, ond ambell dro bydd yn rhaid cerdded ar hyd ffordd wledig heb balmant. Yn y mannau hynny, cynghorir chi i gerdded yn un rhes yn wynebu'r drafnidiaeth.

Mae rhai o'r llwybrau'n mynd uwchben y môr ar hyd llwybrau swyddogol sy'n rhan o Lwybrau Arfordir Môn. Er hynny, dylech gadw golwg ar y plant tra maen nhw ar y llwybrau hyn gan sicrhau nad ydynt yn mynd yn rhy agos i'r ochr.

Awgrymir eich bod yn gwisgo esgidiau addas; cofiwch wisgo dillad cynnes yn y gaeaf, ynghyd â chario dillad glaw (hyd yn oed yn yr haf!). Byddai'n syniad da cael golwg ar ragolygon y tywydd cyn cychwyn.

Nodir lle mae yna siop neu gaffi ar y teithiau, ond awgrymir eich bod yn mynd â diod a rhywfaint o fwyd efo chi bob tro.

Os byddwch yn mynd â chi ar y daith, cadwch o ar dennyn – a chofiwch lanhau ar ei ôl. Dylai pawb gadw at y llwybrau bob amser, a pheidio â chrwydro i dir amaethyddol.

Ar ddechrau pob taith rhoddir hyd ac amser. Amser cerdded yn unig ydy hwn; mae'n siŵr y byddwch eisiau aros am seibiant bob hyn a hyn i gael golwg ar y golygfeydd gwych neu i gael picnic a threulio amser yn archwilio rhai o ryfeddodau Môn. Dylech, felly, ganiatáu digonedd o amser ar gyfer pob taith.

Mapiau: Dim ond bras-syniad o'r daith a gewch o'r mapiau sydd yn y gyfrol hon, er y dylai'r cyfarwyddiadau fod yn ddigon manwl i chi eu dilyn. Er mwyn gwneud y gorau o'ch ymweliad, fe allech brynu dau fap manwl o Ynys Môn – *Explorer 262* (gorllewin yr ynys) ac *Explorer 263* (dwyrain yr ynys).

Mwynhewch eich hunain!

Brwydr y Bont Gychod

Y STORI

Mae Ynys Môn, gyda'i ffermydd mawr a'i chaeau braf, yn ardal ffrwythlon iawn. Yn yr hen amser, o Ynys Môn y deuai'r rhan fwyaf o wenith ac anifeiliaid i fwydo pobl oedd yn byw ar y tir mawr. Oherwydd hynny, pan fyddai byddinoedd Lloegr yn ymosod ar dywysogion Gwynedd yn y 12fed a'r 13eg ganrif, roedd hi'n bwysig iddyn nhw gipio'r ynys.

Felly roedd hi yn 1282. Roedd Llywelyn ap Gruffudd wedi cael ei goroni'n Dywysog Cymru ac wedi bod yn rheoli'r wlad ers sawl blwyddyn. Ond doedd y Saeson ddim yn hapus â hyn ac fe benderfynodd y brenin Edward I anfon ei fyddin i ymosod ar Gymru.

Dydy Ynys Môn ddim yn lle hawdd i'w amddiffyn. Mae yma nifer o draethau y gall byddin lanio arnynt, a does dim mynyddoedd i'r trigolion allu cuddio ynddyn nhw. Fu byddin Edward I fawr o dro'n gorchfygu'r ynys.

Y cam nesaf oedd ymosod ar Wynedd. Roedd y Saeson eisoes wedi atal bwyd rhag mynd yno, a rŵan roedden nhw'n paratoi byddin enfawr i ymosod ar y Cymry dros y dŵr. Ond nid Saeson yn unig oedd yn y fyddin. Roedd llawer o farchogion a milwyr o Ffrainc a Sbaen yno hefyd, dan arweiniad Luc de Tany o Gasconi – i gyd wedi'u talu gan y Saeson i ymosod ar y Cymry.

Wrth gwrs, yr adeg honno, doedd dim pontydd yn croesi afon Menai. Cychod neu fferis a ddefnyddiai'r

Cymry. Roedd byddin Edward I wedi dod â channoedd o gychod efo nhw o Gaer, ond nid eu defnyddio i rwyfo'r milwyr ar draws wnaethon nhw. Byddai hynny wedi cymryd gormod o amser. Fe wnaethon nhw osod y cychod yn un rhes ar draws afon Menai ac yna rhoi coed ar eu traws i ffurfio pont hir.

Roedd y Cymry, o'u cuddfannau yn y mynyddoedd, wedi gweld y gwaith yma'n mynd yn ei flaen. Gan fod llawer llai o'r Cymry, doedd dim pwrpas iddyn nhw ymosod ar fyddin fawr y Saeson. Yn hytrach, cuddiodd y Cymry yn y coed a'r llwyni ac aros am eu cyfle.

Fesul un, dechreuodd byddin Edward I groesi'r bont o Fôn i Arfon. Y marchogion yn eu gwisgoedd haearn trwm aeth gyntaf a'r milwyr troed yn eu dilyn. Roedden nhw'n croesi fesul un, yn un llinell hir, ar draws y bont, yn falch nad oedd golwg o'r un Cymro ar ochr arall yr afon.

Cyrhaeddodd y marchogion cyntaf dir Gwynedd a dechrau dringo i fyny'r bryn. Yn sydyn, dyma'r Cymry'n rhuthro allan o'r coed gan weiddi'n uchel. Dychrynwyd y marchogion a'u ceffylau. Disgynnodd rhai i'r llawr; cafodd eraill eu llusgo oddi ar eu ceffylau a'u lladd.

Gwelai'r marchogion oedd yn dal i groesi'r bont hyn yn digwydd, a doedden nhw ddim eisiau cael eu lladd gan y Cymry. Fe geisiodd y rheiny droi'n ôl ond, gan fod yna gymaint ohonyn nhw yn un rhes, doedd hynny ddim yn bosib. Roedd y marchogion ar y blaen yn gwthio'n ôl, a'r cychod yn dechrau ysgwyd yn beryglus.

Yn sydyn, trodd un cwch drosodd, ac yna un arall. Dechreuodd y marchogion ddisgyn i'r dŵr, a chan eu bod yn gwisgo dillad trymion allen nhw ddim nofio i'r lan. Aeth pethau'n waeth: daeth y llanw i mewn a chwalu gweddill y cychod. Disgynnodd bron pob un o'r marchogion a'r milwyr i'r dŵr. Rhwng y rhai foddodd a'r rhai gafodd eu lladd gan y Cymry, bu farw 13 marchog (gan gynnwys yr arweinydd Luc de Tany), 17 bonheddwr a thua 200 o filwyr Edward I.

Roedd y frwydr hon yn fuddugoliaeth bwysig i Llywelyn a'r Cymry. Caiff ei galw'n Frwydr Moel y Don neu Brwydr y Bont Gychod, er nad oes neb yn sicr ble yn union y digwyddodd yr ymladd. Ar un adeg roedd llechen fechan i'w gweld yn y Felinheli, dros y dŵr o Foel y Don, yn cofnodi mai yno y trechwyd byddin Edward I. Ond dywed rhai haneswyr fod y safle ymhellach i'r dwyrain.

Ond ble bynnag oedd y frwydr, fe gafodd y Saeson grasfa gan y Cymry y diwrnod hwnnw.

Y DAITH

O Foel y Don ar hyd glannau'r Fenai i Dal-y-foel, ble mae'r Sw Môr, Fferm y Foel a'r Siop Siocled, ac yn ôl ar hyd lwybrau coediog.
12 milltir – 3½ awr.

Mae'r daith hon yn hirach na'r gweddill, ond yn werth yr ymdrech gan y byddwch yn cerdded ar hyd glannau afon Menai a'i golygfeydd godidog, ac yna'n ôl ar hyd lwybrau sy'n mynd drwy gaeau a choed. Tua hanner ffordd, fe gewch fynd am seibiant un ai i'r Sw Môr neu i Fferm y Foel. Cofiwch mai dim ond amser cerdded yw'r 3½ awr, ac mae'n siŵr y byddwch eisiau rhagor o amser i fynd i chwilota.

Fe ddylech geisio gwneud y daith hon pan mae'r llanw allan, oherwydd pan mae'r llanw i mewn mae yna ddau le na allwch chi fynd drwyddynt gan fod y dŵr yn cyrraedd at dir preifat. Pan mae'r llanw allan mae'n llawer haws

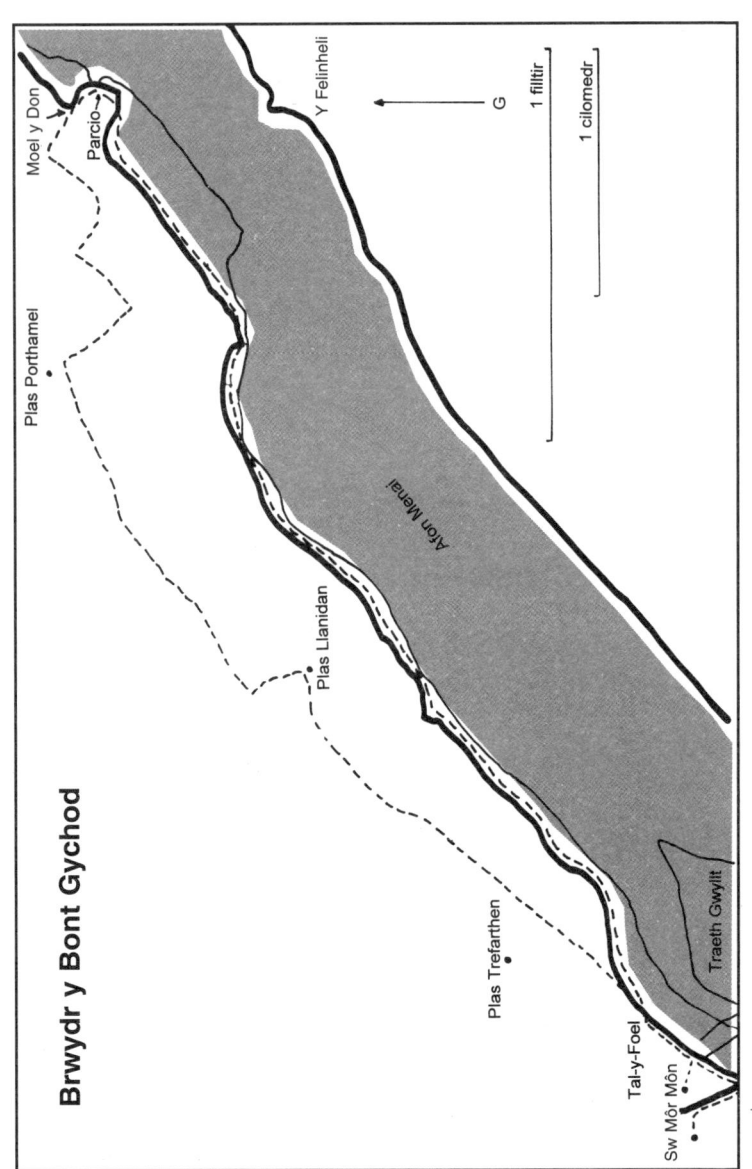

cerdded ar dywod melyn yn hytrach nag ar draeth caregog y mannau hynny.

Os ydych yn teithio mewn car, ewch ar yr A4080 o Lanfairpwll, heibio Plas Newydd ac at ddiwedd y wal nes y gwelwch arwydd am Foel y Don. Ewch i lawr y ffordd ac fe gewch le i barcio ger y dŵr.

Os ydych chi'n teithio ar fws, gall eich gollwng ger yr arwydd i Foel y Don a bydd angen ichi gerdded rhyw filltir at y dŵr. Neu ewch ar fws i Dal-y-foel a chychwyn y daith oddi yno, gan fynd drwy'r caeau'n gyntaf, ac yna'n ôl ar hyd glan y môr.

Os byddwch yn cychwyn o Foel y Don, ewch at y dŵr ac yna troi i'r dde. Cerddwch ar hyd y traeth. Yr ochr arall i'r afon, fe welwch y Felinheli ac ymhellach ymlaen Plas Llanfair, Canolfan Dŵr Plas Menai ac yna ffatri Friction Dynamics, lle bu'r gweithwyr ar streic am dros ddwy flynedd.

Wedi dros awr o gerdded fe ddewch at fwthyn a ffordd yn rhedeg ar hyd ochr y dŵr. Ewch ar hyd y ffordd ac fe ddowch at y Sw Môr ac yna Fferm y Foel a'i Siop Siocled. Mae'n werth galw yn y ddau le yma, hyd yn oed os mai dim ond i gael seibiant neu ddiod. Mae'r Sw Môr yn agored drwy'r flwyddyn, ond dim ond rhwng Mawrth a Hydref y mae Fferm y Foel yn agored. Rhwng y ddau le yma, mae yna arwydd sy'n rhoi hanes Traeth Gwyllt, sydd allan yn y dŵr, a'r fferi drosodd i Gaernarfon.

Ar ôl seibiant, ewch yn ôl ar hyd y ffordd ac i'r traeth. Chwiliwch am arwydd llwybr ar yr ochr chwith i chi. Ewch dros y gamfa ac i'r cae. Trowch i'r dde a cherddwch ar hyd y cae tuag at giât fechan. Plas Trefarthen sydd ar y chwith i chi. Yn y fan hon, tua'r ganrif gyntaf Oed Crist, cafwyd brwydr rhwng y Rhufeiniaid a'r Brythoniaid.

Cerddwch ar hyd y cae sydd agosaf at y plas (nid yr un sydd bron wrth y dŵr) gan anelu at gamfa-dros-ffens. Yn syth wedyn, dringwch gamfa-dros-wal. Yna cerddwch yn syth ar draws y cae at giât gyda chamfa garreg i'r dde iddi. Yma fe welwch bolyn pren a saeth felen arno sy'n dangos pa ffordd i fynd.

Cerddwch ar hyd ochr y wal at giât arall â chamfa garreg ac yna yn syth ymlaen tuag at y coed. Trowch i'r chwith heibio'r coed ac yna i mewn i'r goedwig. Fe allech weld ffesantod yma. Dowch allan o'r goedwig ac anelu at gamfa garreg arall. Ewch drosti a cherdded yn groeslinol ar hyd y cae at giât arall â chamfa garreg. Fe ddowch allan ger Fferm Llanidan. Trowch i'r dde ac i lawr y lôn tuag at Blas Llanidan gyda'i beunod yn yr ardd.

Trowch i'r chwith a cherddwch ar hyd ffordd â choed hardd bob ochr iddi. Yna trowch i'r dde ger arwydd llwybr cyhoeddus tuag at dŷ o'r enw Bryn Llwyd. Ger y gyffordd, ewch yn syth yn eich blaen yn hytrach nag i'r dde, ac ar hyd hen ffordd.

Yn y gyffordd nesaf, i'r dde a heibio Plas Porthamel a'i bwll hwyaid. Yna i'r dde ac ar hyd y lôn. Ar y gyffordd, trowch i'r chwith. Ger Bron Menai dilynwch y lôn i'r dde nes y dowch at gyffordd arall. Trowch i'r dde ac i lawr yr allt yn ôl i Foel y Don.

WELSOCH CHI'R RHAIN?

1. Ar y map ar yr arwydd, lle ydy'r man pellaf oddi wrth Foel y Don?

....

2. Ar yr arwydd coch a melyn ar y traeth, beth all achosi perygl?

   ....

3. Beth ydy enw'r bwthyn olaf ar y traeth cyn cyrraedd y ffordd?

   ....

4. Beth ydy'r creadur sydd ar arwyddion Sw Môr Môn?

   ....

5. Mae'r arwydd sy'n sôn am Traeth Gwyllt yn sôn am rywun enwog gafodd ei eni yn Fferm y Foel. Pwy oedd o?

   ....

6. Beth sydd ar y ddwy giât sy'n arwain at Dŷ Llanidan?

   ....

7. Pwy adeiladodd sièd wellt goch Plas Porthamel?

   ....

8. Beth oedd gwaith yr un fu'n byw yn y bwthyn ger y dŵr ym Moel y Don erstalwm?

   ....

Santes Dwynwen – Santes Cariadon Cymru

Y STORI

Ar arfordir gorllewinol Ynys Môn mae Llanddwyn, Ynys y Cariadon. Nid ynys go iawn ydy hi, ond darn o dir yn gwthio allan i'r môr, ond ar lanw uchel bydd y môr yn ei gwahanu oddi wrth glannau Môn ac yn ei throi'n ynys.

Ganol y bumed ganrif glaniodd cwch ger Traeth Llanddwyn, sydd i'r de o Ynys Llanddwyn. Ynddo, roedd tri o bobl ifanc – dwy chwaer a brawd. Roedden nhw wedi cael eu cario gan y tonnau yr holl ffordd o dde Cymru.

Y tri oedd Dwyn, Chain a'u brawd Dyfan. Eu tad oedd y brenin Brychan. Roedden nhw'n arfer byw mewn plas moethus a byddai yno lawer o ddawnsio a chanu. Un diwrnod cafwyd gwledd fawr yn y plas, ac ymysg y rhai gafodd wahoddiad yno oedd tywysog o'r enw Maelon Dafodrill. Syrthiodd Dwyn mewn cariad â Maelon, ac roedd yntau hefyd wedi gwirioni ar Dwyn.

Yn ystod y wledd, cyhoeddwyd bod y ddau wedi dyweddïo. Allai Maelon ddim aros iddyn nhw briodi ac fe ofynnodd i Dwyn fynd i fyw efo fo i'w blasty. Ond gwrthod wnaeth Dwyn, gan y byddai hyn wedi dod â gwarth arni hi a'i theulu.

Gwylltiodd Maelon a gadawodd blas Brychan ar frys. Yn ei gofid, cerddodd Dwyn allan i'r goedwig a'r nos yn dywyll fel y fagddu. Bu hi'n gweddïo am amser hir iawn, cymaint nes iddi lewygu. Yna, ymddangosodd Duw ac fe roddodd ddiod iddi. Yn syth wedi iddi ei yfed, roedd hi'n teimlo'n llawer gwell. Yn yr un freuddwyd, gwelodd Maelon yn derbyn diod gan Dduw. Ond nid teimlo'n well wnaeth o; yn hytrach, cafodd ei droi'n dalp o rew.

Yna fe gynigiodd Duw dri dymuniad i Dwyn. Ei dewis hi oedd bod Maelon yn cael ei ddadmer; bod Duw yn gwrando ar ei gweddïau hi ar ran cariadon eraill, ac na fyddai hi byth yn priodi.

Aeth adref i ddweud yr hanes wrth ei brawd a'i chwaer, a dyma nhw i gyd yn penderfynu gweithio dros Dduw. Fe aeth y tri allan ar gwch bach a gadael i'r gwynt a'r tonnau eu cario. A dyna sut y bu iddyn nhw gyrraedd Ynys Môn.

Fe godon nhw eglwysi yn Llanddwyn, Llangeinwen a Llanddyfnan. Adeiladau bychain o goed a phridd oedd yr eglwysi cyntaf. Gan fod Dwyn yn gwneud cymaint o bethau da i'r bobl, fe gafodd ei hailenwi'n Dwynwen, neu Santes Dwyn. Daeth nifer o ferched i fyw at Dwynwen ac fe sefydlwyd lleiandy yn Llanddwyn.

Bu farw Dwynwen ar 25 Ionawr 465, a chofir y dyddiad hyd heddiw fel Dydd Santes Dwynwen, santes cariadon Cymru. Pan oedd hi ar fin marw, gofynnodd i'r lleianod am iddi gael gweld yr haul yn machlud am y tro olaf. Cafodd ei chario at graig sydd i'r gogledd-orllewin o'r eglwys. Yn sydyn, er mwyn iddi gael gweld yr haul yn well, fe holltodd y graig. Gellir gweld y graig a holltwyd yno hyd heddiw. Credir bod ffynnon wedi bod yma ar un adeg.

Parhaodd y lleianod eraill â'r gwaith da, ac erbyn y 14eg ganrif roedd yno briordy enwog a llawer yn ymweld â'r lle – yn enwedig cariadon. Yn y priordy, roedd delw aur o Dwynwen a byddai'r pererinion yn rhoi eu canhwyllau wrth draed y ddelw tra byddent yn dweud eu gweddïau. Bydden nhw hefyd yn dod â cherrig gwyn bychain efo nhw a'u gosod ger y ddelw.

Ar un amser, rhyw ddwy filltir o Landdwyn, yn Nhywyn Niwbwrch, roedd ffynnon o'r enw Crochan Llanddwyn. Rhyw gant a hanner o flynyddoedd yn ôl, roedd hen fwthyn yno lle trigai hen wraig a honnai y gallai ddweud ffortiwn wrth wylio llyswennod yn y dŵr. Byddai'r rhai oedd yn chwilio am gariad yn rhoi cadach ar wyneb y dŵr a deuai llysywen ato. Yn ôl yr hen wraig, o ba gyfeiriad bynnag y deuai'r lysywen, o'r cyfeiriad hwnnw y deuai cariad i'r un a roddodd y cadach yn y dŵr.

Erbyn heddiw, mae eglwys Dwynwen yn adfail, ond cynhelir gwasanaeth yno unwaith bob haf. Ddiwedd yr 19eg ganrif, codwyd croes ar y safle er cof am Santes Dwynwen.

Y DAITH

Ar hyd Traeth Llanddwyn i Ynys Llanddwyn ac yn ôl drwy'r goedwig.
6 milltir – 2 awr.

Gan mai dim ond i Niwbwrch, ac nid i Draeth Llanddwyn, y mae'r bws yn teithio (ac fe gymer oddeutu hanner awr i gerdded o Niwbwrch i'r traeth), awgrymir eich bod yn defnyddio car neu feic ar ddechrau'r daith hon. Dilynwch yr arwydd 'Llanddwyn' o Niwbwrch, a byddwch yn troi i'r chwith. Os ydych mewn car bydd rhaid i chi aros yma i roi arian yn y peiriant. Nid oes rhaid i gerddwyr na beicwyr dalu. Yna ewch i lawr y ffordd drwy'r goedwig i'r maes parcio lle mae yna doiledau ac arwyddion yn rhoi gwybodaeth am Draeth Llanddwyn.

Santes Dwynwen – Santes Cariadon Cymru

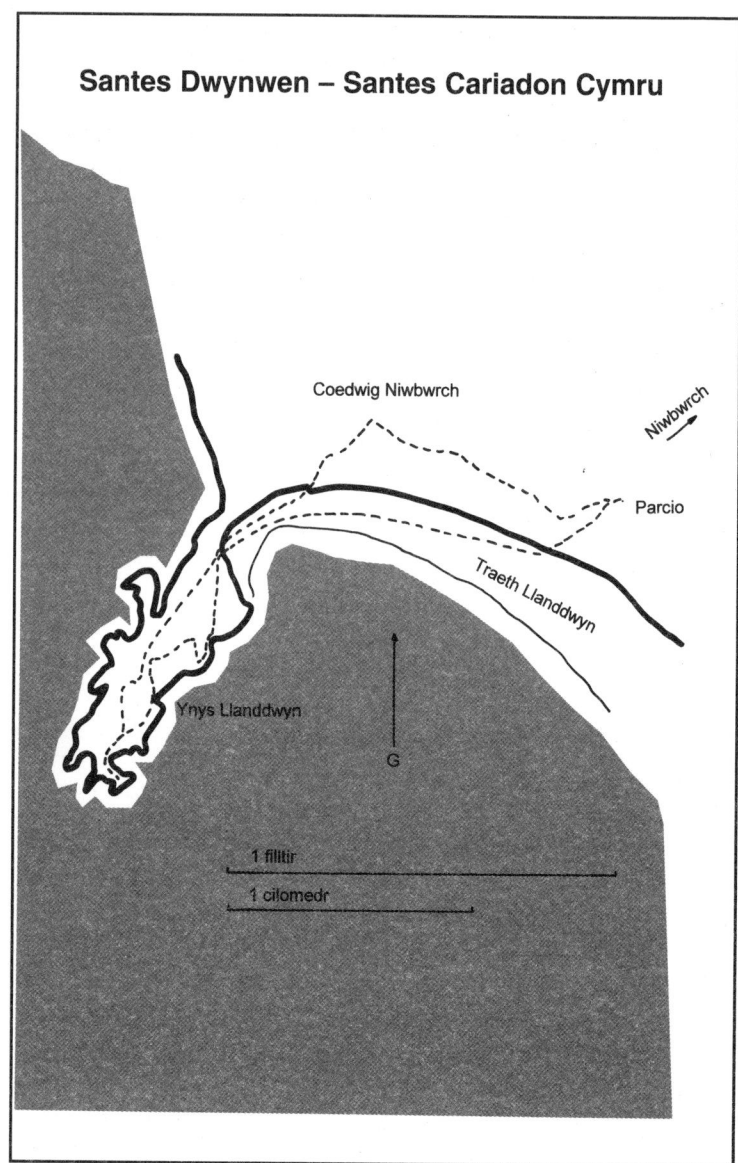

O'ch blaen, fe welwch lwybr yn mynd drwy'r twyni ac am y traeth. Ewch i'r traeth ac yna troi i'r dde a cherdded ar ei hyd nes y dowch at Ynys Llanddwyn. Cyn cyrraedd yr ynys, fe welwch adeilad bychan sydd â gwybodaeth am yr ynys ynddo. Tu ôl iddo, mae yna lwybr yn mynd tua'r chwith; dilynwch o. Edrychwch i gyfeiriad y creigiau i'r chwith; efallai y gwelwch chi forloi'n cysgu yn yr haul yno.

Ymlaen â chi gan anelu at y goleudy. Ond cyn cyrraedd hwnnw, fe ddowch ar draws croes Geltaidd fawr ar y chwith i'r llwybr, a gweddillion eglwys Santes Dwynwen ar y dde; ewch draw i'w gweld. Yna, ewch ymlaen ar hyd y llwybr nes y dowch at Fythynnod y Peilotiaid. Yn y rhai pellaf, mae yna arddangosfa o hanes a bywyd gwyllt yr ynys; mae'n werth i chi fynd i mewn.

Yna, ymlaen â chi ac i'r chwith at dŵr bychan gwyn a arferai rybuddio llongwyr rhag dod yn rhy agos at greigiau Ynys Llanddwyn. Yn ôl â chi ac am y goleudy mawr gwyn. Ewch i fyny'r llwybr ac o amgylch y goleudy. Yma cewch olygfa wych o fynyddoedd Eryri. Yn ôl â chi i lawr y llwybr, a chan gadw i'r chwith, ewch i fyny bryn bychan tuag at groes arall. Croes Dwynwen yw hon.

Cerddwch ymlaen ar hyd y llwybr ac yn ôl i Draeth Llanddwyn. Wedi mynd heibio i ddwy graig ar y traeth, fe welwch lwybr ar y chwith sy'n mynd i'r goedwig. Beth am ddilyn y llwybr yma yn hytrach na mynd yn ôl ar hyd y traeth? Mae'r goedwig hon yn gartref i'r wiwer goch – un o'r ychydig fannau yng Nghymru lle gwelir hi. Yn gorwedd o dan y goedwig hon mae olion hen bentref Rhosyr. Yn ystod storm fawr bron i 700 mlynedd yn ôl, chwythwyd tywod dros y pentref a bu raid i'r bobl adael. Cewch hanes yr hen bentref a'r ardal mewn arddangosfa yn Llys Rhosyr yn Niwbwrch.

Ymlaen â chi drwy'r goedwig nes y dowch at faes parcio bychan. Yna, trowch i'r chwith ar hyd y ffordd ac yna i'r dde ac yn ôl i'r coed. Ewch ymlaen nes y dowch at fan picnic ar y chwith i chi. Mae yma arwydd yn sôn am flodau a phlanhigion yr ardal.

Cadwch at y llwybr nes y dowch at giât ac fe fyddwch yn ôl yn y maes parcio lle cychwynnoch chi'r daith.

WELSOCH CHI'R RHAIN?

1. Ar y ffordd i lawr drwy'r goedwig tuag at y maes parcio, fe ddowch ar draws rhwystrau ar y ffordd. Mae yna bolion bychain gwyrdd wrth eu hymyl. Llun beth sydd arnyn nhw?

   ....

2. Ar yr arwydd yn y maes parcio, sawl llwybr sydd yna a beth yw eu lliwiau?

   ....

3. Mae yna arwydd ger y llwybr i'r traeth. Yn ôl yr arwydd hwn, beth mae'r twyni'n ei wneud?

   ....

4. Mae yna gwpled o farddoniaeth ar yr arwydd cyn cyrraedd Ynys Llanddwyn. Pwy ydy'r bardd?

   ....

5. Beth sydd o flaen Bythynnod y Peilotiaid?

   ....

6. Pa bryd y codwyd Croes Dwynwen?

   ....

7. Pa fath o goed sydd yn y goedwig?

   ....

8. Yn ôl yr arwydd ger y man picnic, sawl math gwahanol o flodau a phlanhigion sydd i'w gweld yn y twyni tywod?

   ....

Lladron Crigyll

Y STORI

Mae arfordir Ynys Môn yn lle peryglus iawn i longau. Mae yma greigiau miniog ar y lan a thraethellau o dan wyneb y môr pan mae'r llanw i mewn. Yn ystod tywydd garw fe all y gwyntoedd cryfion yrru'r llongau at y lan.

Ddwy ganrif a rhagor yn ôl, roedd yna rai pobl oedd wrth eu bodd yn gweld y llongau'n cael eu gyrru ar y traeth er mwyn iddyn nhw gael dwyn eiddo oddi arnyn nhw.

Roedd llawer o bobl felly yn byw o gwmpas Traeth Crigyll, ger Rhosneigr. Dywed rhai i Ladron Crigyll chwifio lampau ar y traeth er mwyn denu llongau i'r lan. Roedd yr ardal yma'n lle da i'r lladron. Roedd creigiau yn y môr ger y traeth a llawer o dwyni tywod lle y gallent guddio, a'r niwl cyson o help mawr i'r lladron.

Un noson stormus yn Rhagfyr 1741, roedd llong o'r enw *Loveday and Betty* yn hwylio ger arfordir Môn, ac yn gynnar y bore wedyn fe gafodd ei thaflu ar greigiau ger aber afon Crigyll. Doedd y llong ddim wedi cael llawer o ddifrod ar wahân i fymryn o niwed i'w gwaelod.

Fe wnaeth y Capten Jackson o Lerpwl yn siŵr bod y llong wedi'i hangori'n ddiogel cyn mynd i chwilio am rai i'w helpu i gael y llong yn ôl i'r dŵr. Ond fe aeth y newyddion ar led drwy'r ardal bod llong ar y traeth, ac wedi iddi dywyllu daeth tua deg o ladron yno. Aethon nhw ati'n gyntaf i dynnu'r hwyliau, yna cymerwyd y rhaffau a mynd â nhw i'r lan at geffylau oedd yn barod i'w cario oddi yno.

Pan ddaeth y capten yn ôl, gwelodd bod pethau wedi'u dwyn ac aeth i Aberffraw i chwilio am y swyddog tollau. Daeth y ddau yn ôl ar gefn eu ceffylau at y llong a cheisio dilyn llwybr y lladron. Yna fe garlamon nhw drwy'r twyni a dal rhai o'r drwgweithredwyr.

Ar 7 Ebrill 1741, ymddangosodd pedwar o'r lladron – rhai o Lanfihangel-yn-Nhywyn, Ceirchiog a Llanfaelog – yn Llys Biwmares. Roedd yna ddiddordeb mawr yn yr achos ac roedd pawb o bob rhan o'r ynys wedi teithio yno gan obeithio cael eu gweld yn cael eu crogi. Ond roedd y barnwr wedi meddwi, ac fe gafodd y pedwar eu gollwng yn rhydd!

Cyn hynny, yn Ebrill 1715, roedd tri o Ladron Crigyll yn y llys am ddwyn nwyddau oddi ar long o'r enw *The Charming Jenny* oedd wedi cael ei gyrru i'r traeth. Doedden nhw ddim mor ffodus – fe gawson nhw eu crogi. Dyma oedd y tro cyntaf i neb glywed am Ladron Crigyll.

Aeth y lladrata ymlaen am dros ganrif wedyn. Un achos enwog oedd pan ddygwyd nwyddau oddi ar long o'r enw *Earl of Chester* ddiwedd Hydref 1867. Yn ôl adroddiad ym mhapur newydd y *Times*, "roedd cannoedd ohonyn nhw'n cario popeth allen nhw o'r llong".

Ond erbyn heddiw, lle distaw yw Traeth Crigyll a chychod pleser sy'n hwylio'r arfordir a phlant yn chwarae ar y traeth lle bu unwaith ladron yn disgwyl i longau fynd ar y creigiau.

Y DAITH

O Rosneigr ar draws Traeth Crigyll ac yna'n ôl ar draws Tywyn Traean, heibio Canolfan y Llu Awyr ac yn ôl i Rosneigr.
5 milltir – 2 awr.

Parciwch y car yn y maes parcio-am-ddim ger y llyfrgell a'r toiledau yn Rhosneigr ac yna cerddwch i lawr yr allt. Trowch i'r dde ar hyd prif stryd y pentref. Os byddwch yn teithio ar y bws, dyma lle fydd yn aros. Ymlaen â chi at y gofeb i'r rhai a fu farw yn y ddau ryfel byd. Allwch chi mo'i fethu – mae yna gloc ar ei ben.

Yna trowch i'r chwith ac i lawr yr allt i'r traeth. Trowch i'r dde a cherddwch ar hyd y traeth nes y dowch at afon Crigyll. Bydd raid i chi dynnu am eich traed i'w chroesi. Yn agosach at y twyni, dydy'r afon ddim mor ddofn. Os nad ydych chi eisiau gwlychu'ch traed, cerddwch ar hyd ochr yr afon nes y dowch at bompren. Croeswch hi ac ewch yn ôl ar hyd yr afon tuag at y traeth. Dyma Draeth Crigyll.

Cerddwch i ben draw Traeth Crigyll. Rownd y gornel mae Traeth Cymyran; dechreuwch gerdded ar ei hyd, ond chwiliwch am lwybr sy'n mynd i fyny i'r twyni. I ben y twyni â chi ac o'ch blaen fe welwch Ganolfan y Llu Awyr yn y Fali. Mae'n bosib y gwelwch awyrennau'n codi ac yn glanio yno, ac mae'n bosib y byddwch wedi clywed eu sŵn yn yr awyr uwchben ers i chi gyrraedd Rhosneigr.

Chwiliwch am ffens fechan sy'n mynd ar draws Tywyn Trewan. Mae pob degfed polyn wedi'i beintio'n wyn a choch ac mae rhybuddion arni i chi beidio mentro i dir y Llu Awyr. Dilynwch y llwybr sy'n rhedeg ar hyd ochr y ffens.

Yna, ger ffens uchel a chabanau, mae'r ffens – a'r llwybr – yn troi i'r dde. Cerddwch ar ei hyd, ac er bod y

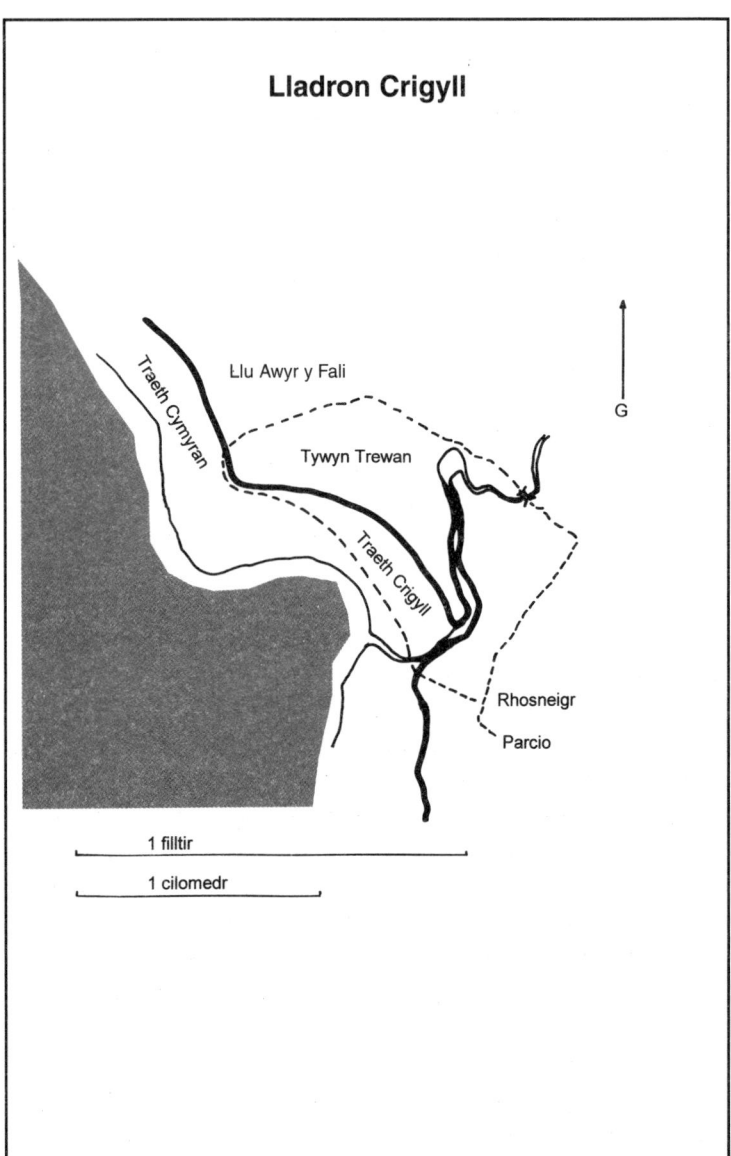

ffens yn troi i'r chwith yn nes ymlaen, cerddwch yn syth i gyfeiriad pompren. Ewch dros y bont ac i fyny lôn tuag at glwstwr o dai. Mae'r lôn yn mynd heibio'r tai ac yn mynd â chi at adeilad mawr sgwâr. Trowch i'r chwith ger yr adeilad hwn, ac ymlaen â chi i'r briffordd. Trowch i'r dde a cherdded yn ôl i'r pentref.

WELSOCH CHI'R RHAIN?

1. Beth ydy amserau agor y llyfrgell ar ddydd Sadwrn?

   ....

2. Yn ôl y gofeb, pwy oedd y cyntaf i gael ei ladd yn ystod yr Ail Ryfel Byd?

   ....

3. Yn ôl Cyngor Ynys Môn, beth na chewch chi ei wneud â cherbyd ar Draeth Crigyll?

   ....

4. Yn ôl yr arwydd ar y ffens, pwy sydd berchen y tir na chewch chi ddim mynd arno?

   ....

5. Beth ydy enw'r ffordd sy'n arwain yn ôl i'r pentref?

   ....

Madam Wen

Y STORI

Yn ardal y llynnoedd yng ngorllewin Ynys Môn yn ystod y 18fed ganrif, oedd Madam Wen yn byw. Einir Wyn oedd ei henw iawn ac roedd hi'n dod o deulu oedd ar un adeg yn gyfoethog ac yn berchen ar lawer o dir. Ond yn ystod Rhyfel Cartref Lloegr (1642-1651), fe gymerwyd llawer o'u tiroedd gan iddyn nhw gefnogi'r Brenin yn hytrach na'r Senedd.

Roedd Madam Wen yn benderfynol o gael arian i ailbrynu'r tiroedd a gollwyd amser maith yn ôl. Casglodd griw o ddynion at ei gilydd ac fe fuon nhw'n dwyn ac yn smyglo yn yr ardal. Gan Madam Wen oedd un o'r ceffylau gorau ar Ynys Môn, ac yn ystod y nos byddai'n mynd ar garlam i bob rhan o'r ynys.

Doedd yr awdurdodau ddim yn gwybod pwy oedd y lleidr, ac roedden nhw'n methu ei dal gan fod ei cheffyl mor gyflym. Roedd hi a'i chriw yn cuddio'n aml mewn ogof ger Llyn Traffwll lle roedd eithin trwchus ac uchel yn ei gwneud yn amhosib i'w gweld.

Un noson, a'r eira'n dew ar y llawr, aeth Madam Wen a'i chriw i ddwyn arian oddi ar y goets fawr, ond daeth yr awdurdodau ar eu holau ac roedden nhw'n benderfynol o'u dal. Roedd un o'r criw, Wil, yn of da iawn ac fe dynnodd bedolau ceffyl Madam Wen a'u rhoi yn ôl y ffordd anghywir er mwyn twyllo'r rhai oedd yn ei dilyn. Felly nid eu harwain yn syth at Madam Wen wnâi'r olion yn yr eira, ond mynd â nhw mewn cylch yn ôl i'r cychwyn!

Byddai Madam Wen a'i chriw yn smyglo nwyddau i Ynys Môn hefyd. Dywedir bod ganddi long wedi'i hangori ym Mae Cymyran, a byddai ei chriw yn cario nwyddau oddi arni i'w gwerthu ar yr ynys. Gan nad oedden nhw'n talu treth ar y nwyddau, roedd swyddogion y tollau'n flin iawn. Ond ni lwyddodd yr un ohonyn nhw i ddal Madam Wen.

Ond fe ddaliwyd un o'i chriw. Rai blynyddoedd ar ôl i Madam Wen farw, aeth Wil y gof i ffair Porthaethwy. Wrth gychwyn am adref, rhoddodd Wil gyfrwy rhywun arall ar ei geffyl mewn camgymeriad ac fe gafodd ei gyhuddo o ddwyn. Llusgwyd ef i'r llys a'i gosbi. Roedd gan Wil gymaint o gywilydd am iddo gael ei ddal am beth mor bitw, ac yntau wedi dwyn cymaint dros y blynyddoedd, fel yr aeth i America i fyw!

Fe gafodd Madam Wen fod yn feistres tir, ond nid ar dir ei theulu hi ei hun. Fe briododd Einir Wyn â Morris Williams, sgweiar stad Cymunod, a bu'r ddau fyw yn hapus heb i fawr neb ar y pryd wybod mai hi oedd Madam Wen.

Dywed rhai pobl eu bod wedi gweld ysbryd Madam Wen yn un o'r llynnoedd, yn arbennig ar fore Sul y Pasg. Yn ôl y rhai sydd wedi'i gweld, mae hi'n nofio'n ôl ac ymlaen ac yna, pan mae hi'n cyrraedd canol y llyn, mae hi'n diflannu!

Y DAITH

O Lanfihangel-yn-Nhywyn, rhwng llynnoedd Dinam a Phenrhyn, heibio i Ganolfan Llu Awyr y Fali ac yn ôl i

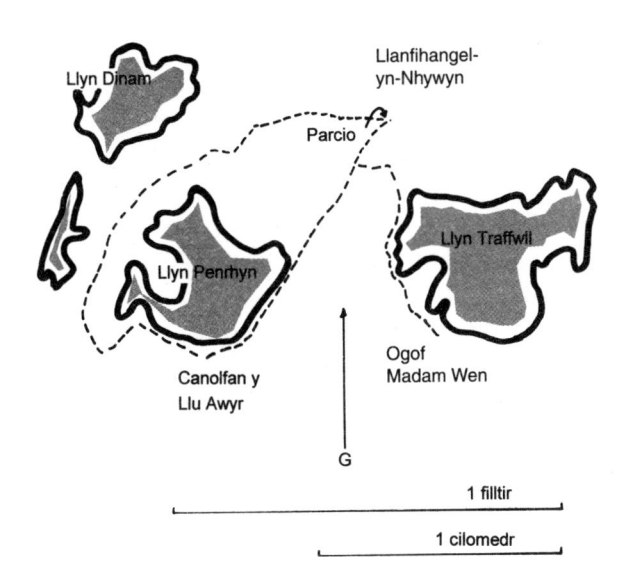

Madam Wen

Llyn Dinam

Llanfihangel-
yn-Nhywyn

Parcio

Llyn Traffwll

Llyn Penrhyn

Canolfan y
Llu Awyr

Ogof
Madam Wen

G

1 filltir

1 cilomedr

Lanfihangel-yn-Nhywyn. Yna, os oes gennych ddigon o amser, gallwch fynd i chwilio am ogof Madam Wen.

Gall y daith fod braidd yn wlyb wedi cyfnod o law, felly byddai'n syniad mynd â welingtons efo chi.

4 milltir – 1½ awr (+½ awr at ogof Madam Wen).

Parciwch eich car o flaen y siopau gyferbyn ag Eglwys Sant Mihangel yn Llanfihangel-yn-Nhywyn. Neu os ydych yn teithio ar fws, mae arhosfan gerllaw. Ewch i mewn i stad dai Ffordd Cerrig Mawr. Mae yma arwydd y Weinyddiaeth Amddiffyn yn dweud na chewch fynediad yno, ond dim ond cyfeirio at gerbydau y mae'r arwydd.

Ewch i lawr drwy'r stad i'r gwaelod ac fe welwch arwydd llwybr cyhoeddus. Cerddwch i lawr y lôn drol at dŷ bychan. I'r chwith iddo mae giât mochyn; ewch drwyddi a chadw at ochr dde'r cae nes ichi ddod at giât mochyn arall. Ewch drwyddi ac yn syth ymlaen. Peidiwch â throi i'r dde.

Yna, ym mhen draw'r cae, trowch i'r chwith a cherddwch nes y dowch at gamfa. Ewch drosti ac ar draws y cae nesaf at gamfa ger giât. Camwch dros hon a dilyn y llwybr gyda Llyn Penrhyn i'r chwith i chi nes y dowch at gamfa arall ger giât. Ewch drosti ac ar hyd y cae efo'r llyn a'r graig i'r chwith i chi. Os dringwch chi i ben y graig, fe welwch Lyn Dinam i'r dde.

Chwiliwch am bolyn â saeth felen arno islaw coed eithin sy'n dangos bod llwybr yno. Trowch i'r chwith ar hyd y llwybr nes y dowch at bont o styllod heb ganllawiau iddi. Ewch drosti ac ymlaen nes y dowch at un arall. Dilynwch y llwybr rhwng dwy graig gan gadw i'w chwith neu dros y graig ar y chwith, os ydy hi braidd yn wlyb a dilyn y llwybr drwy'r eithin.

Yna, fe ddowch at bompren. Ewch drosti ac ar hyd y llwybr nes y dowch at dri pholyn a lampau arnyn nhw ar y dde i chi. Mae'r llwybr yn mynd heibio'r trydydd polyn ac yna fe ddowch at ragor o lampau ar y chwith. Fe ddowch wedyn at lwybr sy'n ddigon llydan i gerbyd, ac yna at res o lampau ar ffens.

Cerddwch ymlaen at giât a chamfa, drwy'r giât ac ymlaen ar hyd y llwybr nes y dowch at faes parcio Gwarchodfa Natur Ardal y Llynnoedd. Ewch allan o'r maes parcio ger mynedfa i Ganolfan y Llu Awyr ac yna i'r chwith. Croeswch y ffordd ac yna i'r chwith ar hyd y palmant ac yn ôl i Lanfihangel-yn-Nhywyn lle y cychwynsoch chi.

Mae ogof Madam Wen ger Llyn Traffwll. Os oes gennych chi amser, beth am fynd i chwilio amdani? Ar y ffordd yn ôl wedi gadael Canolfan y Llu Awyr, fe welwch stad o dai ar y dde o'r enw Bryn Trewan. Trowch i mewn i'r stad ac ewch ymlaen nes y dowch at groesfan. Trowch i'r dde i lawr ffordd gul. Cyn i chi ddod at adeilad amaethyddol, fe welwch ffordd fwdlyd yn mynd at giât. Ar y gornel, ger coeden, mae camfa flêr ar y dde (mae'n anodd cael hyd iddi).

Ewch dros y gamfa ac ar draws y cae gan anelu at giât yn y pen draw. I'r chwith i'r giât, mae camfa haearn. Wedi dringo drosti fe welwch Lyn Traffwll i'r chwith a chreigiau o'ch blaen. Yn y creigiau hyn yn rhywle y mae Ogof Madam Wen. Ewch ar hyd ochr y llyn drwy'r creigiau a'r llwyni eithin nes y dowch at gae gwastad sydd ar lan y llyn. Cyn cyrraedd y darn tir yma mae craig gydag agen hir ynddi. Dyma Ogof Madam Wen. Dywed rhai bod yna stafell ddirgel dan lawr yr ogof. Allwch chi gael hyd iddi?

WELSOCH CHI'R RHAIN?

1. Pwy sy'n addoli yn Eglwys Sant Mihangel?

   ....

2. Ger y fynedfa i stad Ffordd Cerrig Mawr mae arwydd coch yn sôn am blant. Beth mae o'n ei ddweud?

   ....

3. Sawl lamp sy'n un rhes ar y ffens cyn i chi gyrraedd y maes parcio?

   ....

4. Ar arwydd y Gymdeithas Gwarchod Adar, mae sôn am dair math o hwyaden sydd yn y warchodfa. Beth ydyn nhw?

   ....

   ....

   ....

5. Yn ôl yr arwydd ger y fynedfa i Ganolfan y Llu Awyr, pa mor bell mae gwarchodfa'r maes awyr?

   ....

6. Ger yr arwydd Spar, mae dau giosg. Beth ydy'r rhifau ffôn sydd ynddyn nhw?

   ....

7. Beth ydy enw'r bwthyn bach gwyngalchog a welir cyn cyrraedd arwydd Lanfihangel-yn-Nhywyn?

   ....

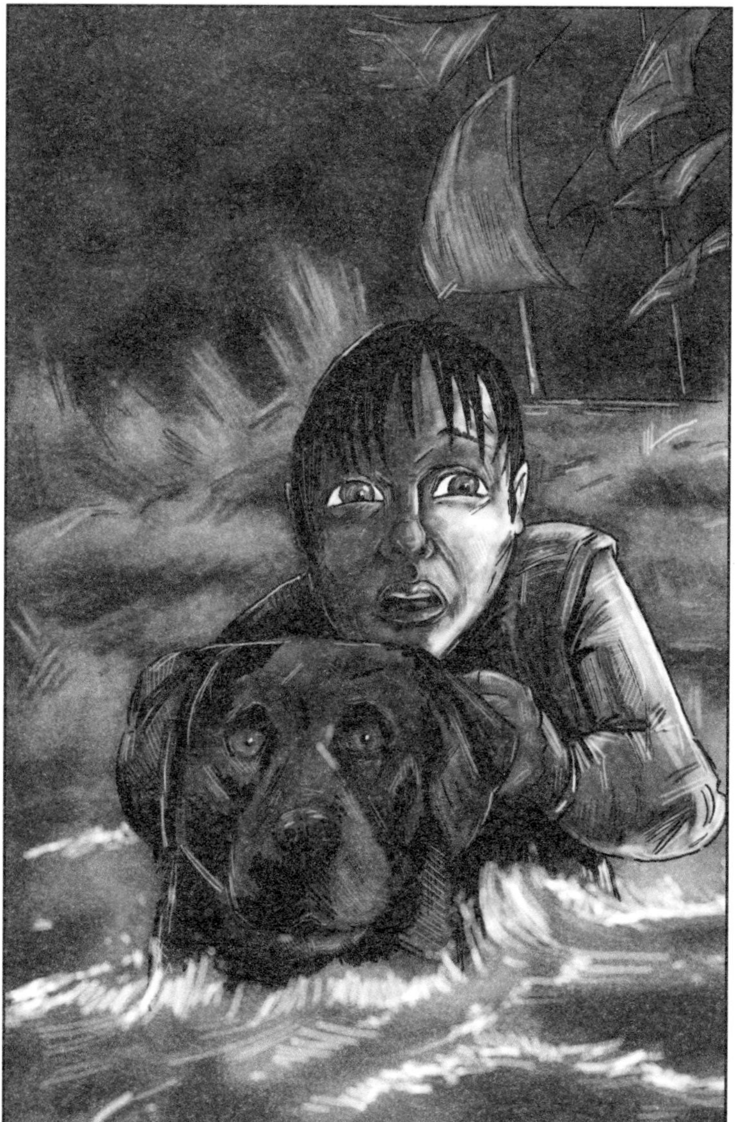

Tyger y Ci Dewr

Y STORI

Bron i ddau can mlynedd yn ôl, roedd llong fechan yn hwylio ar hyd arfordir Ynys Môn ar ei ffordd i Lerpwl. Ar ei bwrdd roedd capten, dau longwr, bachgen i helpu yn y gegin ac adargi (*retriever*) o'r enw Tyger. Roedd hi'n niwl trwchus ac roedd y capten yn cael trafferth i weld i ble roedd o'n mynd.

Yn sydyn, dyma glec. Roedd y llong wedi taro creigiau Maen Pisgar, ynys fechan tua thri-chwarter milltir i'r gorllewin o Ynys Môn. Doedd dim modd gwneud unrhyw beth, felly dyma'r capten yn penderfynu aros i'r niwl ddiflannu.

Daeth y llanw i mewn a chodi'r llong oddi ar y graig, ond gan fod twll yn ei gwaelod, llifodd y dŵr i mewn iddi a dechreuodd suddo. Oherwydd bod niwl trwchus o'u cwmpas, doedd neb yn gwybod ym mha gyfeiriad roedd y lan.

Roedd Tyger, hefyd, wedi sylweddoli eu bod mewn perygl. Ond roedd y ci'n gwybod ble roedd y lan ac fe neidiodd i'r môr a dechrau nofio. Penderfynodd y capten mai dyma fyddai orau iddo ef a'r criw hefyd. Rhoddodd orchymyn i bawb neidio dros ochr y llong a dilyn Tyger.

Roedd y capten yn nofiwr cryf, ond doedd y lleill ddim. Cydiodd y bachgen yng ngholer Tyger ac fe gafodd ei dynnu'n raddol tuag at y lan. Gwelodd y capten bod un o'r llongwyr mewn trafferth, ac wedi i Tyger ollwng y bachgen

Tyger y Ci Dewr

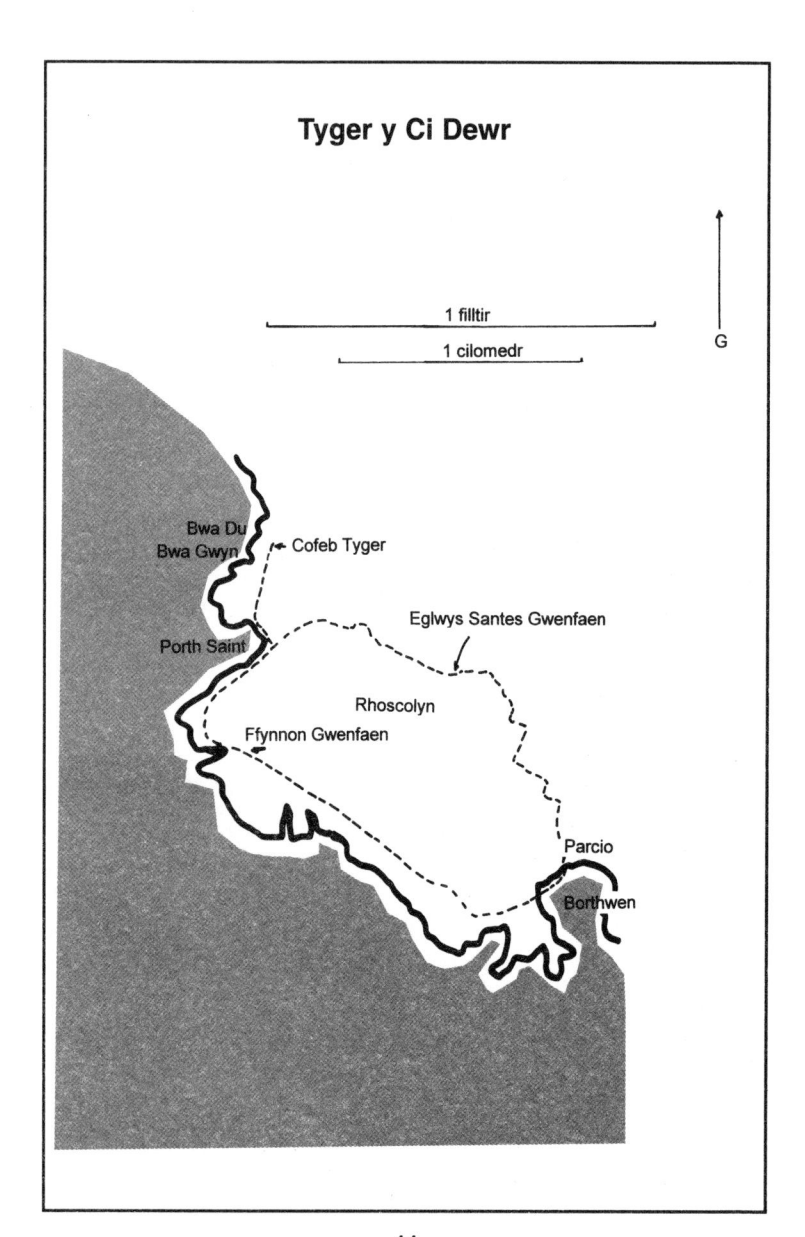

1 filltir
1 cilomedr

G ↑

Bwa Du
Bwa Gwyn
Cofeb Tyger
Porth Saint
Eglwys Santes Gwenfaen
Rhoscolyn
Ffynnon Gwenfaen
Parcio
Borthwen

o fewn cyrraedd i'r lan, gwaeddodd ar i'r ci fynd i'w helpu.

Trodd Tyger yn ei ôl a chydiodd y dyn yn ei goler a gadael i Tyger ei lusgo i'r lan. Aeth yn ôl unwaith eto i helpu ei feistr a'r llongwr arall i ddiogelwch.

Roedd y pump yn gorwedd yn flinedig a gwlyb ar y traeth creigiog. Fesul un ac un, fe gododd y pedwar ar eu traed – ond nid Tyger. Roedd o wedi blino gormod. Cododd ei ben a llyfodd law y capten cyn marw ar y traeth oer.

Heb ddewrder Tyger, bydden nhw i gyd wedi boddi. Er mwyn dangos ei werthfawrogiad fe dalodd y capten i garreg arbennig gael ei gosod ar y clogwyn uwchben y traeth lle glaniodd y criw'n ddiogel a lle bu farw'r adargi dewr.

Ac mae'r garreg yn dal yno ac arni'r geiriau: *Tyger, September 17th, 1819.*

Y DAITH

O Draeth Borthwen ger Rhoscolyn ar hyd yr arfordir, heibio Ffynnon Gwenfaen ac at garreg Tyger, cyn troi'n ôl ar hyd lwybr arall yn ôl i Borthwen.
5 milltir – 2 awr.
Ewch i bentref Rhoscolyn a chwiliwch am yr eglwys. Rhyw ganllath i'r gorllewin, fe welwch arwydd yn eich cyfeirio i'r traeth. Mae'n bosib dal bws i Roscolyn, ond yna bydd raid i chi gerdded tuag at yr eglwys a chychwyn eich taith oddi yno. Ewch i lawr i'r traeth lle mae yna doiledau a lle i barcio car. Mae hi'n llawn iawn yma yn yr haf, ac efallai y cewch chi le i barcio wrth yr eglwys, a dechrau'r daith oddi yno.

O Draeth Borthwen, cerddwch i'r dde ac at y wal goncrit a llwybr. Ewch ar hyd y llwybr hwn sy'n dod â chi'n ôl i'r traeth ac yna'n mynd â chi heibio hen adeilad y bad achub. Cerddwch i fyny at y tŷ gwyn lle gwelwch chi saethau melyn yn eich cyfeirio i'r dde tuag at dŷ o'r enw Yr Allt.

Yna ewch ymlaen ar hyd y traeth, heibio i wylfan gwylwyr y glannau ar y chwith, a gwylfan arall a sedd arni ar y dde. O dipyn i beth fe ddowch at Ffynnon Gwenfaen. Santes oedd Gwenfaen ac, medden nhw, pe baech chi'n taflu dwy garreg wen i ddŵr y ffynnon, byddech chi'n cael eich gwella o salwch meddwl.

Ymlaen â chi, drwy giât mochyn, ac ar hyd y llwybr sy'n rhedeg ar hyd ochr wal uchel. Mi ddowch chi rŵan at Borth Saint. Croeswch y bont fechan ac ymlaen ar hyd y llwybr. Yn fuan, fe welwch dŷ mawr gwyn o'ch blaen. Does dim angen mynd mor bell â hyn. Wedi i chi fynd heibio bae bychan, gallwch weld bum carreg i'r chwith. Y gyntaf o'r rhain yw carreg goffa Tyger y ci dewr. Pan mae'r llanw allan, fe welwch Maen Pisgar allan yn y môr lle drylliwyd y llong.

Wedi seibiant, trowch yn ôl am Borth Saint. I'r chwith fe welwch gamfa, ewch drosti ac ar hyd y cae at gamfa arall a dilynwch yr hen lôn drol nes y dowch at ffermdy gwyn. Dilynwch y saethau melyn o gwmpas y tŷ nes dod at giât mochyn ac arwydd llwybr cyhoeddus. Ewch drwy'r giât, i'r chwith, ac ar hyd y lôn nes y dowch at Eglwys Santes Gwenfaen (lle, efallai, y bydd rhai ohonoch wedi dechrau'r daith). Ewch i weld yr eglwys. Yna, chwiliwch am yr arwydd i'r traeth ar y dde. Cerddwch i lawr y ffordd, heibio'r dafarn, ac ar hyd y ffordd droellog yn ôl i'r maes parcio.

WELSOCH CHI'R RHAIN?

1. Beth sydd ddim yn cael ei ganiatáu yn y maes parcio?

   ....

2. Beth ydy'r dyddiad ar hen adeilad y bad achub?

   ....

3. Faint o seddi sydd yng nghorneli Ffynnon Gwenfaen?

   ....

4. Pa lythrennau sydd ar y llawr ger y giât mochyn wedi mynd heibio Ffynnon Gwenfaen?

   ....

5. Llun pa ddau ddisgybl i Iesu Grist sydd ar ffenestri lliw cyntedd Eglwys Santes Gwenfaen?

   ....

6. Pa aderyn sy'n gysylltiedig â'r dafarn sydd ar y ffordd i lawr i'r traeth?

   ....

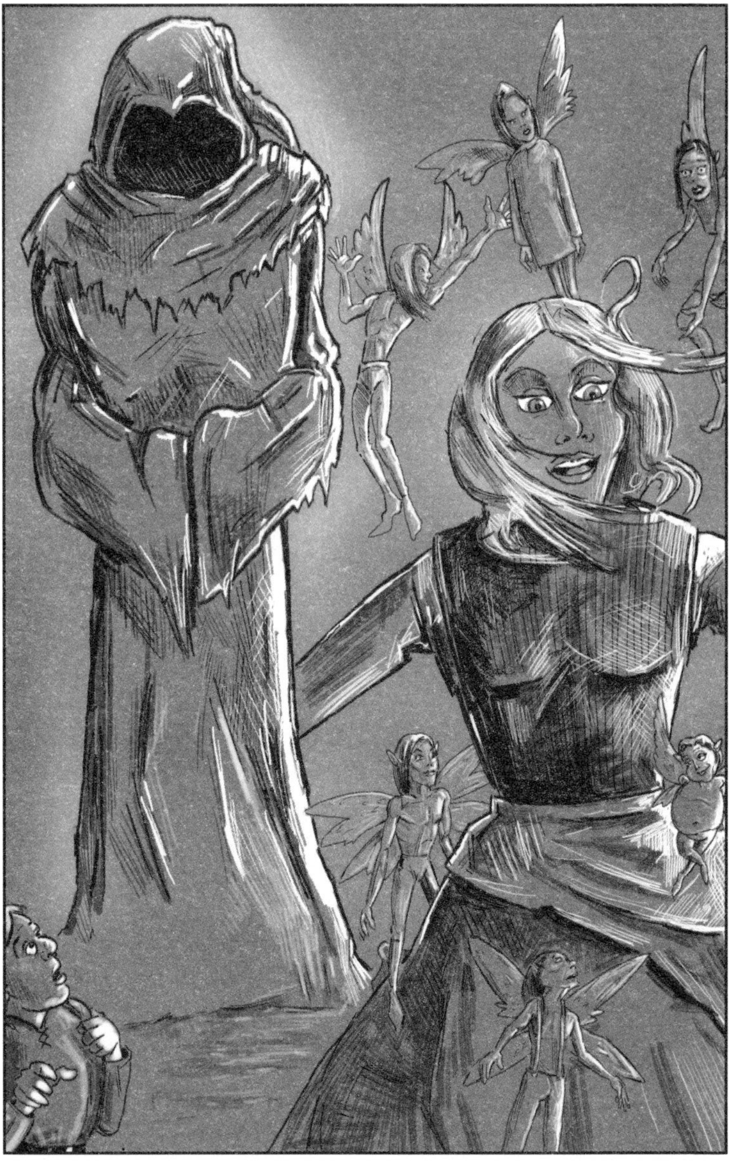

Lleidr Dyfrydog a Merch Ifan Gruffudd

STORI LLEIDR DYFRYDOG

Fe ddechreuwn ni efo hanes Lleidr Dyfrydog. Yn Eglwys Dyfrydog ar un adeg, fel ym mhob eglwys arall ym Môn, roedd yna Feibl a Llyfr Gweddi wedi'u clymu â chadwyn i'r pwlpud rhag ofn i rywun eu dwyn.

Arferai dyn o'r enw Wil Law Flewog fynd i'r eglwys i ddarllen y ddau lyfr, ond un diwrnod fe benderfynodd o eu dwyn. Cymerodd liain coch oddi ar yr allor a lapio'r ddau lyfr a llestri'r cymun ynddo a rhedeg allan o'r eglwys i gyfeiriad fferm Clorach.

Ond yng nghanol un o gaeau Clorach, safodd ysbryd mynach o'i flaen. Roedd y mynach mor dal â choeden dderw ac roedd y ddaear yn ysgwyd wrth iddo gerdded.

"Pwy ydach chi?" gofynnodd Wil. Dyma oedd y geiriau olaf i ddod o'i geg cyn iddo gael ei droi'n garreg. Ac mae'r garreg yn dal yno heddiw, efo Wil a'i fwndel ar ei gefn a'i geg yn hanner agored. Mae yna stori bod Wil, bob tro mae'r cloc yn taro saith o'r gloch, yn rhedeg yn wyllt o gwmpas y cae!

STORI MERCH IFAN GRUFFUDD

Bron i ddau can mlynedd yn ôl, ar fferm o'r enw Hafod Isaf ger Llandyfrydog, roedd Ifan Gruffudd a'i ferch Gwen yn byw. Un diwrnod Nadolig, roedd Gwen wedi addo mynd i fferm arall o'r enw Hafod Uchaf i gyfarfod â'i ffrindiau, i ganu a dawnsio a dweud straeon.

Roedd hi ar fin cychwyn, pan ofynnodd ei thad iddi fynd â'r fuwch i'r beudy cyn iddi dywyllu. Bu Gwen yn chwilio ym mhobman, ond doedd dim golwg o'r fuwch. Felly aeth yn ôl i ddweud wrth ei thad. Bu'r ddau'n chwilio am y fuwch ond doedd dim golwg ohoni ac, o'r diwedd, cyrhaeddodd y ddau y cae lle mae carreg Lleidr Dyfrydog yn sefyll.

Yng nghanol y cae, gwelsant dylwyth teg yn dawnsio mewn cylch. Roedden nhw wedi'u gwisgo mewn dillad o saith lliw'r enfys ac yn troi ac yn chwyrlïo yn y cylch. Yn sydyn, rhedodd Gwen i ganol y tylwyth teg. Yr eiliad honno, diflannodd hi a'r tylwyth teg a gadawyd Ifan Gruffudd ar ei ben ei hun yng nghae Lleidr Dyfrydog ar noson Nadolig.

Aeth adref a dweud wrth ei gymdogion, ac o fewn dim roedd pawb yn Llandyfrydog yn gwybod fod Gwen wedi diflannu. O fewn rhai dyddiau, roedd pawb ar Ynys Môn yn gwybod am y stori! Aeth wythnosau – misoedd – heibio, a dim golwg o Gwen. Roedd llawer yn credu na fyddai Ifan yn gweld ei ferch byth eto.

Ond cofiodd Ifan bod dewin yn byw ger Maenaddfwyn ac aeth i'w weld. Roedd John Roberts yn byw mewn bwthyn bychan ar lethrau Mynydd Bodafon. Dywedodd Ifan yr hanes wrtho.

"Os ydach chi eisiau'ch merch yn ôl," meddai'r dewin, "ewch yn ôl i'r un cae noswaith Nadolig nesaf – ar yr union adeg y diflannodd eich merch. Bydd angen i chi fynd â phedwar dyn cryfaf yr ardal i'ch helpu, a phrynwch raff gref, newydd. Bydd raid i'r pump ohonoch fod yn y cae ar yr adeg iawn. Clymwch y rhaff am eich canol, a phan welwch chi Gwen yn dawnsio yng nghanol y tylwyth teg, neidiwch i'r cylch a'i thynnu allan."

Aeth Ifan Gruffudd i chwilio am y pedwar dyn cryfaf yn yr ardal ac roedden nhw'n barod iawn i'w helpu. Yr adeg honno, roedd llawer o bobol yn gwneud rhaffau yn Llannerch-y-medd ac aeth yno a gofyn iddyn nhw wneud un fawr, gref iddo. Cafodd Ifan y rhaff gryfaf erioed i'w gael ei gwneud yno.

Ddydd Nadolig, ar ôl iddo gael te, aeth Ifan a'r pedwar dyn cryf i gae Lleidr Dyfrydog. Unwaith y cododd y lleuad, ymddangosodd y tylwyth teg a Gwen yn dawnsio yn eu canol. Clymodd Ifan y rhaff gref rownd ei ganol efo'r cwlwm mwyaf a welwyd erioed. Roedd y pedwar dyn cryf yn cydio'n y pen arall iddi. Yna, neidiodd Ifan i'r cylch a chydio yn Gwen.

"Tynnwch! Tynnwch!" gwaeddodd ar dop ei lais. Dechreuodd y dynion cryf dynnu, a thynnwyd Ifan a Gwen allan o'r cylch. Yn sydyn, diflannodd y tylwyth teg. Cwestiwn cyntaf Gwen oedd, "Ble mae'r fuwch?" Doedd hi ddim yn sylweddoli ei bod wedi treulio blwyddyn gyfan ymysg y tylwyth teg!

Aeth pawb adref yn hapus, yn arbennig Ifan, am ei fod wedi cael ei ferch Gwen yn ôl.

Lleidr Dyfrydog a Merch Ifan Gruffudd

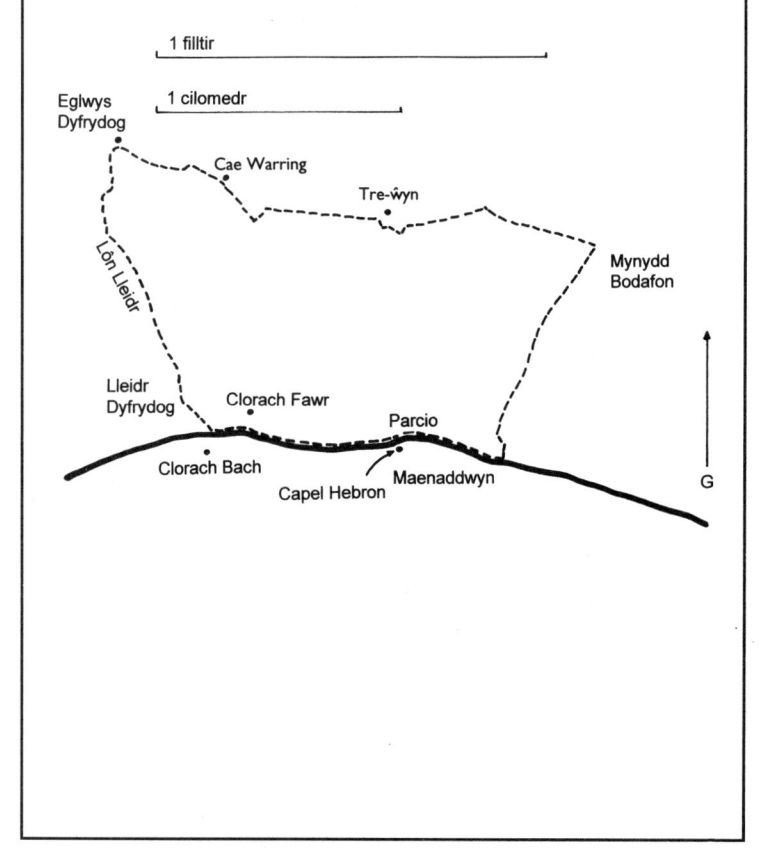

Y DAITH

O Faenaddwyn heibio Mynydd Bodafon, draw at Eglwys Dyfrydog, heibio i Clorach ac yn ôl i Faenaddwyn.
4 milltir – 1½ awr.

Parciwch y car o flaen y tai sydd gyferbyn â chapel Hebron ym Maenaddwyn ar y ffordd rhwng Benllech a Llannerch-y-medd. Mae bysiau'n teithio ar hyd y ffordd hon, ac fe allech ofyn i'r gyrrwr eich gollwng yma. Cerddwch â gofal ar hyd y ffordd i gyfeiriad Benllech nes y dowch at groesffordd. Trowch i'r chwith a cherdded ar hyd y ffordd.

Fe ddowch at gyffordd siâp-T. O'ch blaen mae giât; ewch trwyddi, ac yn syth ar draws y cae gyda Mynydd Bodafon i'r dde ohonoch. Cerddwch at giât efo camfa gerrig i'r dde iddi. Camwch drosti ac yna i'r chwith, gan gerdded ar hyd ochr y wal i gornel y cae. Mae camfa gerrig i fod yma, ond mae wedi'i chau ers peth amser, felly cerddwch i'r dde ar hyd y wal nes dod at giât fawr wen. Ewch drwyddi, ac yna troi i'r chwith ar hyd y lôn nes cyrraedd croesffordd.

Trowch i'r dde ac i lawr allt nes y dowch at giât, camfa bren ac arwydd llwybr cyhoeddus ar y chwith. Ewch dros y gamfa i'r cae a cherdded yn syth ymlaen i gornel y cae, ar hyd y wal sydd ar y chwith i chi ac yna i'r dde, eto'n cerdded efo'r wal i gyfeiriad y fferm.

Pan ddowch at ffens, trowch i'r dde a cherdded ychydig fetrau nes cyrraedd camfa fechan. Ewch drosti ac fe welwch giât o'ch blaen. Cerddwch drwyddi ac i fynedfa fferm Tre-ŵyn. Ewch i lawr y ffordd i'r dde, heibio'r sièd fawr, a thwy giât fechan ar y dde i mewn i'r coed. Ymlaen wedyn drwy'r coed at gamfa. Ewch drosti ac i lawr y cae gan gerdded efo'r ffens ar eich chwith at gamfa arall.

Camwch drosti ac yn syth ymlaen; peidiwch â mynd drwy'r giât ar eich chwith ond cadw i fynd yn syth ymlaen at gamfa arall. Ewch drosti ac ar hyd ochr y cae i'r gornel at giât. Peidiwch â mynd drwy'r giât, ond yn hytrach ewch i'r dde ar hyd lôn drol i gyfeiriad fferm Cae Warring.

Pan ddowch at giât-a-chamfa, ewch drosti, trwy'r buarth a thrwy giât arall. Cerddwch i lawr lôn y fferm, heibio'r Ficerdy ar y dde i chi ac ymlaen at Eglwys Dyfrydog. Wedi cyrraedd y ffordd, trowch i'r chwith ac ar hyd Lôn Lleidr nes y dowch at groesffordd.

Trowch i'r chwith. Cyn i chi gyrraedd croesffordd arall, yn y cae ar y dde i chi mae Maen Lleidr Dyfrydog lle bu'r tylwyth teg yn dawnsio. Yn anffodus, does dim llwybr cyhoeddus yn mynd trwy'r cae. Ymlaen â chi at y groesffordd gyda Clorach Bach o'ch blaen. Trowch i'r chwith ac ar hyd y ffordd heibio Clorach Fawr ar y chwith, ac yn ôl at gapel Hebron a'r car.

WELSOCH CHI'R RHAIN?

1. Mae dau arwydd cyn cyrraedd y groesffordd ym Maenaddwyn. Arwydd croesffordd yw un, ond llun beth sydd ar yr arwydd arall?

   ....

2. Sawl X sydd ar giât y Ficerdy?

   ....

3. Ar ba Suliau mae gwasanaeth yn Eglwys Dyfrydog?

   ....

4. Beth ydy'r adeilad ar y chwith i Eglwys Dyfrydog?

   ....

5. Ar y groesffordd ger Clorach Bach mae arwydd beic. Pa enw aderyn sydd hefyd ar yr arwydd?

   ....

6. Pa flwyddyn yr agorwyd capel Hebron?

   ....

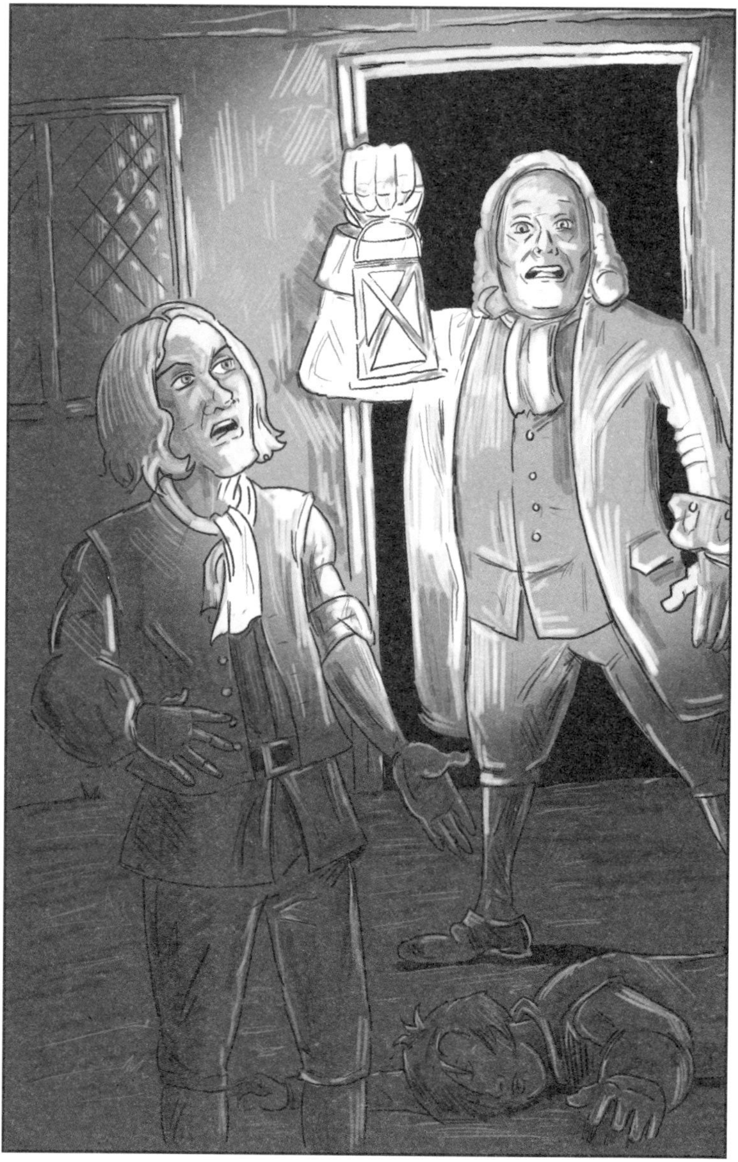

Meddygon Esgyrn Môn

Y STORI

Un noson dywyll, stormus, yn ystod y 18fed ganrif, fe wthiodd smyglwr ei gwch i'r dŵr a dechrau rhwyfo am un o'r mân ogofâu oedd ar hyd yr arfordir. O fewn dim, fe glywodd sŵn gweiddi. Allai o weld fawr ddim gan ei bod mor dywyll, ond rhwyfodd i gyfeiriad y sŵn.

Daeth ar draws cwch a dau fachgen yn cydio'n dynn yn ei ochrau. Tynnodd y smyglwr y ddau i'w gwch ei hun a rhwyfo mor gyflym ag y gallai i'r lan, ond bu farw un bachgen cyn cyrraedd. Ryw hanner milltir o'r lan roedd tŷ o'r enw Mynachdy, a arferai berthyn i fynachod Aberconwy, ond yr adeg honno roedd dyn o'r enw Dr Lloyd yn byw yno. Aeth y smyglwr â'r bachgen ato.

O dipyn i beth, daeth y bachgen arall ato'i hun, ond roedd hi'n anodd gwybod o ble roedd o a'i frawd wedi dod. Doedd o ddim yn siarad Cymraeg na Saesneg. Fe ddeallon nhw mai Evan – neu rywbeth tebyg – oedd ei enw, ac roedd pobl y cylch yn credu mai oddi ar long o Sbaen oedd wedi'i dryllio ar greigiau Ynysoedd y Moelrhoniaid roedd o wedi dod.

Cafodd Evan aros efo Dr Lloyd ac fe gafodd y cyfenw Thomas ei ychwanegu at ei enw. Un diwrnod, roedd un o ieir Dr Lloyd wedi torri'i choes a'r bwriad oedd ei bwyta i ginio dydd Sul. Ond aeth Evan ati i osod yr esgyrn yn eu lle a gwneud dau sblint i'w cadw'n syth nes i'r goes gryfhau.

O dipyn i beth, cafodd Evan fynd efo Dr Lloyd i ymweld â'i gleifion. Ar y dechrau, trwsio esgyrn anifeiliaid y cleifion oedd Evan, ond ymhen amser cafodd fendio esgyrn rhai o'r cleifion eu hunain. Aeth sôn drwy Ynys Môn am alluoedd Evan Thomas a daeth pobl o bob man i gael eu gwella ganddo.

Ac yn rhyfedd iawn, ymhen blynyddoedd roedd gan bob un o'i feibion, a meibion y rheiny, y gallu i drwsio esgyrn. Os ewch chi am dro i Borth Swtan, byddwch yn mynd heibio i dŷ o'r enw Cilmaenan. Mae llechen fechan ar dalcen y tŷ sy'n dweud bod mab i Evan Thomas, sef Richard Evans (fu'n byw rhwng 1772 a 1851), wedi bod yn byw yno.

Agorodd un o wyrion Evan Thomas, a chanddo yr un enw â'i daid, syrjeri yn Lerpwl ac fe ddaeth yn ddyn cyfoethog. Roedd ganddo saith o blant ac fe gafodd un ohonyn nhw, Hugh Owen Thomas, ei hyfforddi mewn coleg i fod yn ddoctor. Daeth yn enwog drwy Brydain fel meddyg esgyrn ac fe ddyfeisiodd nifer o bethau gan gynnwys 'sblint Thomas' i ddal esgyrn at ei gilydd.

Ei nai oedd Syr Robert Jones, y dyn a agorodd ysbyty esgyrn enwog Gobowen ar y ffin â Lloegr, ysbyty sy'n dal i drin nifer fawr o bobl o ogledd a chanolbarth Cymru.

Y DAITH

O Fynachdy ger Llanfair-yng-Nghornwy i Hen Borth i Drwyn y Gader ac yn ôl.
6 milltir – 2½ awr.
•Rhag i chi darfu ar y bywyd gwyllt, dim ond rhwng 1 Chwefror a 14 Medi y cewch wneud y daith hon.

Oddi ar yr A5025 trowch am Lanfair-yng-Nghornwy. Ewch drwy'r pentref nes dod at gyffordd. I'r dde mae arwydd yn dweud Ffordd Breifat. Parciwch y car yma (does dim bws yn teithio i'r fan yma).

Cerddwch i'r dde i lawr y Ffordd Breifat, heibio i dŷ ar y dde ac ymlaen at fferm Mynachdy. Ewch i mewn i'r buarth, yna drwy'r giât ar y dde, gan ddilyn y lôn drol ar draws y cae at giât-a-chamfa gerrig. Ewch drosti, ac ymlaen ar hyd y cae at giât. Cerddwch o'r dde i'r giât at gamfa bren.

Ewch drosti ac i lawr y llwybr at yr Hen Felin. Ger giât yr Hen Felin mae arwydd llwybr yn troi i'r chwith. Ewch drwy giât fechan, dros bompren ac yna drwy giât mochyn. Ewch ar hyd ochr y cae at giât ac fe fyddwch wedi cyrraedd Hen Borth. Trowch i'r chwith ac i fyny rhwng dwy ffens at giât a giât mochyn. Ewch drwyddi ac un ai cerdded ar y traeth neu ar y llwybr uwchben y traeth nes dod at giât mochyn arall.

Cerddwch ar hyd y llwybr sy'n mynd ar hyd yr arfordir, yn aml uwchben clogwyni bychain. Allan yn y môr, fe welwch Faen y Bugail ac yna Ynysoedd y Moelrhoniaid (hen air am forloi ydy moelrhoniaid). Ar y dde i chi, fe welwch, yn fuan, arwydd *Perygl* sy'n eich rhybuddio i gadw draw oddi yno. Hen siafft mwynglawdd sydd yma.

Ymlaen â chi, dros gamfa, yna dros bompren a dilyn y llwybr i fyny'r llethr. Dros bompren arall a thros ddwy gamfa gerrig.

Yna fe ddowch at y Ladis Gwynion. Tyrau pigfain yw'r rhain – mae dwy ar y tir ac mae'r drydedd ar Faen y Bugail. Maen nhw mewn un llinell syth. Eu pwrpas oedd helpu capteiniaid llong i fynd o amgylch Trwyn y Gader.

Rydych wedi cyrraedd Trwyn y Gader erbyn hyn. A chithau tua hanner ffordd ar hyd y daith, dyma le gwych i

Meddygon Esgyrn Môn

- Hen Borth
- Hen Felin
- G →
- Llanfair-yng-Nghornwy
- Mynachdy
- Parcio
- Trwyn y Gader
- Simdde
- Ladis Gwynion
- 1 filltir
- 1 cilomedr

fwynhau picnic. O'ch blaen, fe welwch simdde uchel, ac os ewch chi yn eich blaen fe welwch adfeilion hen gloddfa gopr. Roedden nhw'n llosgi'r mwyn yn y ffwrnais o dan y simdde i gael y copr o'r mwyn. Mae rhai'n dweud bod copr wedi cael ei gloddio yma filoedd o flynyddoedd yn ôl.

Cerddwch, rŵan, at y ladi bellaf o'r môr. Yna, trowch i'r chwith a cherddwch nes y dowch at fwlch yn y wal. Ewch ymlaen ar hyd y llwybr gan anelu tuag at goedwig fechan. Cadwch y coed ar y chwith i chi a dilyn y llwybr rhwng y coed a'r graig ar y dde nes dod at giât-a-chamfa-gerrig.

Ewch dros y gamfa a dilyn y llwybr at lyn bychan (gall fod yn sych yn yr haf). Yna ymlaen at giât-a-chamfa arall ac i lawr at lyn mwy o faint. Dilynwch y lôn drol, sy'n lôn goncrit o flaen yr argae, at giât-a-chamfa-gerrig. Camwch drosti ac ymlaen ar hyd y lôn drol at giât-a-chamfa-gerrig arall, ac ymlaen â chi nes cyrraedd yn ôl i Fynachdy.

Trowch i'r dde ac i fyny'r ffordd yn ôl at y car.

WELSOCH CHI'R RHAIN?

1. Ar yr arwydd sy'n sôn am stad Mynachdy ger yr Hen Felin, sawl erw o dir sydd gan yr Ymddiriedolaeth Genedlaethol?

   ....

2. Beth ydy'r adeilad mawr i gyfeiriad y dwyrain?

   ....

3. Beth mae'r arwydd ger yr Hen Borth yn gofyn i chi ei wneud?

   ....

4. Beth sy'n fflachio allan yn y môr?

   ....

5. Bob sawl eiliad y mae'r fflachio'n digwydd?

   ....

6. Beth ydy enw'r fferm ar y dde cyn i chi gyrraedd yn ôl at y car?

   ....

Trychineb y *Royal Charter*

Y STORI

Ganol y 19eg ganrif, y *Royal Charter* oedd un o'r llongau cyflymaf a mwyaf moethus yn y byd. Fe'i hadeiladwyd yn Sandycroft ar afon Dyfrdwy yn 1855. Roedd hi'n gallu hwylio o Brydain i Awstralia mewn 60 diwrnod. A dyna oedd ei phrif waith – cario pobl i'r cloddfeydd aur yn Awstralia ac yna eu cario nhw a'r aur yn ôl wedi iddyn nhw wneud eu ffortiwn.

Ar Awst 26 1859, roedd 390 o deithwyr a nifer o focsys bychan yn llawn o aur (gwerth £322,440) ar ei bwrdd pan adawodd y *Royal Charter* harbwr Melbourne am Brydain. Roedd gan nifer o'r teithwyr, hefyd, arian mewn beltiau oedd wedi'u clymu o amgylch eu canol. Cawsant dywydd da ar hyd y daith, a phan gyrhaeddodd y llong Iwerddon, addawodd y capten y bydden nhw unwaith eto wedi cwblhau'r y daith mewn 60 diwrnod.

Ond oddi ar arfordir Môn, dechreuodd y gwynt gryfhau a'r tywydd waethygu. Er hynny, penderfynodd y capten frysio am Lerpwl, fel yr oedd wedi addo i'r teithwyr, yn hytrach na chwilio am gysgod.

Am chwech o'r gloch ar Hydref 25, a'r *Royal Charter* newydd fynd heibio i Ynysoedd y Moelrhoniaid, fe gododd y gwynt a chwythu'r llong tuag at y lan. Taniodd y capten

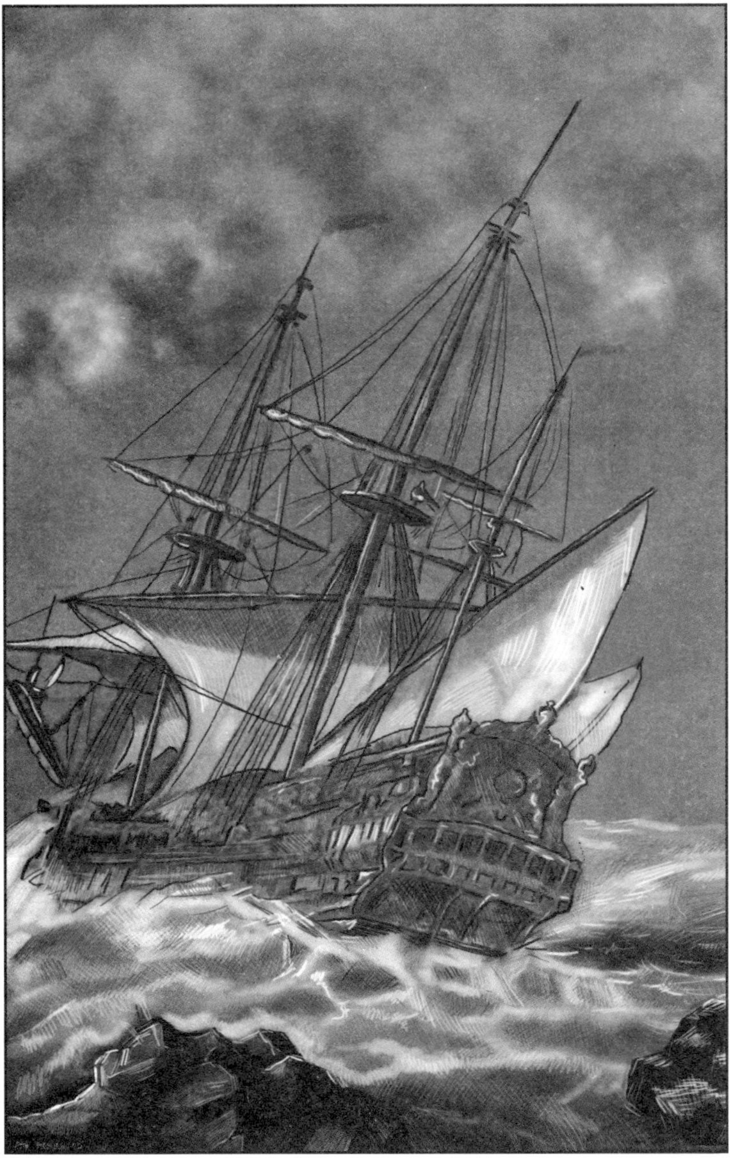

rocedi er mwyn ceisio cael cymorth, ond roedd y tywydd yn rhy ddrwg i'r un llong arall allu dod atyn nhw. Gollyngodd y capten dri angor ond, fesul un, torrodd y cêblau trwchus oedd yn eu dal.

Roedd y teithwyr – dynion, merched a phlant – wedi dychryn yn ofnadwy, ond daeth y capten ar y dec a dweud wrthyn nhw bod y llong yn agos i'r lan ac y bydden nhw'n cael eu hachub yn y bore. A phan dorrodd y wawr, fe welodd pawb nad oedden nhw ond 23 metr o'r lan. Ond roedd tonnau enfawr rhyngddyn nhw â'r lan, rhai mor uchel â 30 metr.

Cynigiodd un llongwr dewr nofio am y lan â rhaff o gwmpas ei ganol at y bobl oedd wedi dod yno i geisio achub y teithwyr. Fe gyrhaeddodd hwnnw'r lan a chlymwyd cadair fechan i'r rhaff. Llwyddwyd i roi pobl fesul un ar y gadair a'u tynnu tua'r lan.

Ond am saith o'r gloch y bore, clywyd clec anferth a thorrodd y *Royal Charter* yn ei hanner. Taflwyd y teithwyr i'r môr garw; cafodd eraill eu gwasgu gan rannau o'r llong. Roedd y môr yn rhy wyllt i neb o'r lan allu mynd i'w helpu.

O'r 490 o deithwyr, gan gynnwys y llongwyr, oedd ar ei bwrdd, dim ond 38 gyrhaeddodd y lan yn ddiogel, ac ni chafodd yr un o'r plant na'r merched eu hachub. Roedd 462 wedi colli'u bywydau, a chadwyd eu cyrff yn Eglwys Llanallgo am beth amser cyn eu claddu yn y fynwent. Daeth pobl o bob rhan o Brydain i weld a oedd eu perthnasau nhw ymysg y rhai fu farw.

Cafwyd hyd i werth tua £300,000 o aur o'r llong, ond methwyd cael hyd i'r gweddill. Roedd yna sibrydion ar led bod pobl yr ardal wedi cael hyd i'r aur ac wedi'i guddio yn eu tyddynnod. Ac yn wir, rhywbryd yn ystod y ganrif ddiwethaf, wrth adnewyddu tŷ yn yr ardal, cafwyd hyd i fag

Trychineb y *Royal Charter*

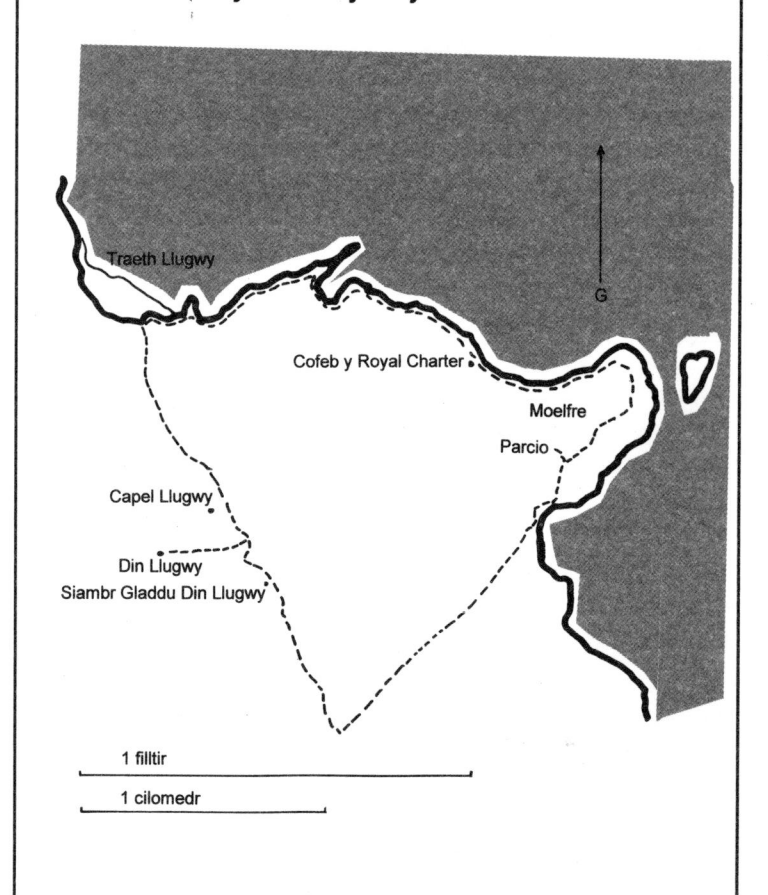

Traeth Llugwy

G

Cofeb y Royal Charter

Moelfre

Parcio

Capel Llugwy

Din Llugwy
Siambr Gladdu Din Llugwy

1 filltir

1 cilomedr

bychan ac aur ynddo wedi'i guddio yn y simdde.

Mae yna gofeb i'r rhai gollodd eu bywydau wedi'i gosod ar glogwyn yn edrych allan dros y môr tuag at y fan lle digwyddodd un o'r trychinebau mwyaf oddi ar arfordir Prydain.

Y DAITH

Moelfre i Draeth Llugwy ac yn ôl.
7 milltir – $2\frac{1}{2}$ awr.

Os byddwch chi'n cyrraedd mewn car, parciwch yn y maes parcio sydd ar y ffordd i mewn i Foelfre, ychydig ar ôl yr arhosfan bws. Os ydych yn teithio ar y bws, mae arhosfan gyfleus ger y maes parcio.

Cerddwch o'r maes parcio. Trowch i gyfeiriad y gyffordd ger yr arhosfan bws. Trowch i'r dde ac i fyny'r allt nes y dowch at gylchfan. Pan welwch arwyddion i Din Llugwy a Thraeth Llugwy, dilynwch nhw.

Ewch ar hyd y ffordd. Wedi peth amser, fe welwch arwydd Siambr Gladdu Din Llugwy ar y chwith. Beth am fynd i weld beth sydd yno?

Yna, ewch yn ôl i'r ffordd, ac ymlaen â chi nes y dowch at arwydd Din Llugwy ar y chwith. Mae'r pentref hwn, sy'n dyddio o'r cyfnod Brythonig, yn werth ei weld. Mae'n siŵr i chi sylwi ar hen adeilad yn y cae i'r dde wrth i chi gerdded ar hyd y llwybr am yr hen bentref. Capel Llugwy ydy hwn – fe allech fynd i'w weld ar y ffordd yn ôl.

Rydych yn ôl ar y ffordd erbyn hyn; trowch i'r chwith ac ewch i'r un cyfeiriad ag yr oeddech chi cyn mynd am Din Llugwy. Yna, fe ddowch at gyffordd. Wedi edrych yn ofalus bob ffordd i wneud yn siŵr nad oes dim yn dod, ewch yn syth ar draws, ac i lawr yr allt am Draeth Llugwy.

Yn y maes parcio hwn, yn ystod misoedd yr haf, mae

yma siop fechan yn gwerthu diodydd a hufen iâ. Mae gennych ddewis rŵan: un ai cerdded ar y llwybr i'r dde y tu ôl i'r siop, neu fynd i lawr i'r traeth a cherdded i'r dde nes y dowch chi i ddiwedd y traeth ac at risiau yn mynd i fyny i'r llwybr uwchben y clogwyn.

Beth bynnag ydy'ch dewis, byddwch erbyn hyn yn dilyn llwybr sydd uwchben y môr. Cyn i chi gyrraedd maes carafanau ar y dde, fe welwch gofeb ar fryn bychan, gyda rheiliau haearn o'i gwmpas. Cofeb yw hon i gofio am y rhai a foddwyd pan suddodd y *Royal Charter*. Ewch yn eich blaen nes y gwelwch gamfa garreg; ewch drosti i weld y gofeb.

Yna, yn ôl at y llwybr a thrwy'r maes carafanau â chi. Dilynwch y llwybr nes y dowch at dir agored, lle nad oes fawr o lwybr. Trowch i'r dde gan anelu at y tai. Yna chwiliwch am bolyn ac arwydd arno sy'n eich cyfeirio i fyny'r cae at giât mochyn.

Ewch drwy'r giât ac i'r chwith, yna drwy giât arall ac i'r dde heibio'r bythynnod. Yna trowch i'r chwith ac i lawr yr allt at orsaf bad achub Moelfre. Ar rai adegau, mae'n bosib mynd i mewn i weld y bad achub.

Yna ewch i'r dde, heibio canolfan Gwylfa Moelfre sy'n dweud hanes yr ardal a'r môr. Beth am alw i mewn? Yna ymlaen â chi i draeth Moelfre. Ger maes parcio bychan, mae yna siop ble cewch chi, unwaith eto, ddiodydd a lluniaeth ysgafn.

Wrth adael y maes parcio, ar ôl mynd heibio'r siop, fe welwch angor mawr, du. Angor yw hwn oddi ar long arall a suddodd yn yr ardal – yr *Hindlea*. Yna dringwch yr allt at y groesffordd, troi i'r dde, ac fe welwch chi'r arhosfan bws y gwelsoch chi ar ddechrau'r daith. Ymlaen â chi i mewn i'r maes parcio.

WELSOCH CHI'R RHAIN?

1. Pa anifail sydd ar yr arwydd 'Croeso i Moelfre'?

   ....

2. Pa bryd y codwyd Siambr Gladdu Llugwy?

   ....

3. Yn ôl yr arwydd yn Din Lligwy, beth oedd siâp y cytiau?

   ....

4. Pa bryd y cafodd capel deheuol Capel Llugwy ei ychwanegu?

   ....

5. Yn ôl y gofeb i'r rhai a foddodd pan suddodd y *Royal Charter*, sut fath o long oedd hi?

   ....

6. Beth yw maint bad achub mawr Moelfre?

   ....

7. Yn ôl yr arwydd ger angor yr *Hindlea*, pa bryd y bu iddi suddo?

   ....

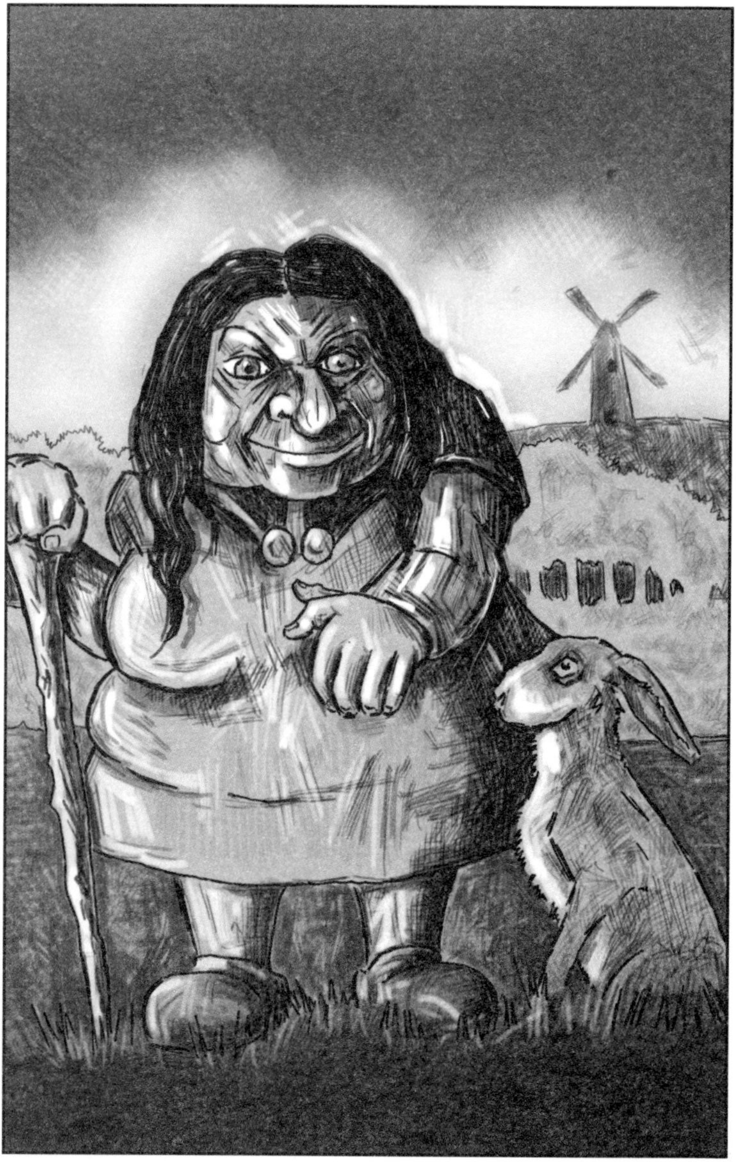

Gwrachod Llanddona

Y STORI

Un diwrnod, nesaodd cwch yn llawn o ddynion a merched at draeth Llanddona. Edrychent yn wahanol i bobl Môn; roedden nhw'n fychan, eu gwallt yn ddu fel y frân, a'u croen yn felyn. Gwelodd pobl y pentref nhw'n dod at y lan ac fe geision nhw eu gyrru i ffwrdd, ond methu wnaethon nhw a glaniodd y cwch. Roedden nhw'n amlwg wedi bod allan ar y môr am amser hir ac yn dioddef o syched a newyn. Doedd yna ddim hwyliau, llyw na rhwyfau ar y cwch, ac yn ôl y sôn roedd hyn yn arwydd eu bod wedi cael eu gyrru o rywle am fod yn wrachod.

Safodd y pentrefwyr mewn cylch o'u cwmpas ar y traeth. Roedd syched mawr ar y bobl ddieithr; yn sydyn, dyma un ohonyn nhw'n taro'r ddaear ac fe godod ffynnon o ddŵr croyw o'r tywod.

Roedd y pentrefwyr wedi dychryn, ac fe gafodd y dieithriaid adael y traeth a cherdded i bentref Llanddona sydd rhyw dri chwarter milltir i ffwrdd. Yno, fe godon nhw dai blêr o goed a cherrig. O dipyn i beth, dechreuodd y dynion smyglo nwyddau er mwyn ennill bywoliaeth, a byddai'r merched yn mynd o gwmpas yr ardal yn cardota am fwyd ac arian, ac roedd ar bawb ofn eu gwrthod.

Pan arferai'r gwrachod fynd i'r ffair leol i brynu mochyn, ni feiddiai neb roi cynnig yn eu herbyn rhag ofn iddyn nhw gael eu melltithio.

Un tro, aeth un dyn lleol yn groes i un o'r gwrachod a dyma'r felltith adroddodd y wrach:

Crwydro y byddo am oesoedd lawer;
Ac ym mhob cam, camfa;
Ym mhob camfa, codwm;
Ym mhob codwm, torri asgwrn;
Nid yr asgwrn mwyaf na'r lleiaf,
Ond asgwrn chwil corn ei wddw bob tro.

Roedd ar bawb yn y pentref eu hofn. Roedd rhai'n dweud eu bod yn troi eu hunain yn ysgyfarnogod i wneud eu drygioni. Penderfynodd dyn lleol gael gwared ag un ohonyn nhw oedd wedi bod yn aflonyddu arno. Gwyddai na allai bwled gyffredin ladd gwrach, felly rhoddodd ddarn o arian yn ei wn a'i saethu at yr ysgyfarnog. Tarodd y creadur ac wedi hynny cafodd y dyn lonydd.

Un arall nad oedd eu hofni oedd Goronwy Tudur. Roedd Goronwy yn tyfu planhigyn o'r enw Cas-gan-Gythraul o flaen ei dŷ, ac roedd wedi hoelio pedol ar bob drws oedd ganddo. Hefyd, roedd wedi taenu pridd o'r fynwent ym mhob stafell. Gobeithiai y byddai'r pethau yma'n cadw'r gwrachod draw.

Ond un diwrnod gwelodd ei wartheg yn eistedd fel y bydd cathod yn ei wneud yn y cae. Gwyddai fod y gwrachod wedi bod yno ac wedi bwrw swyn ar yr anifeiliaid. Ar unwaith, llosgodd Goronwy groen neidr a lluchio'r lludw dros y gwartheg, ac fe ddaethon nhw atynt eu hunain.

Dro arall roedd Goronwy'n cael trafferth i wneud menyn. Rhoddodd brocer poeth yn y tân nes ei fod yn wynias, a'i roi yn y llefrith. Neidiodd ysgyfarnog o'r corddwr a rhedeg i ffwrdd i'r caeau.

Gwrachod Llanddona

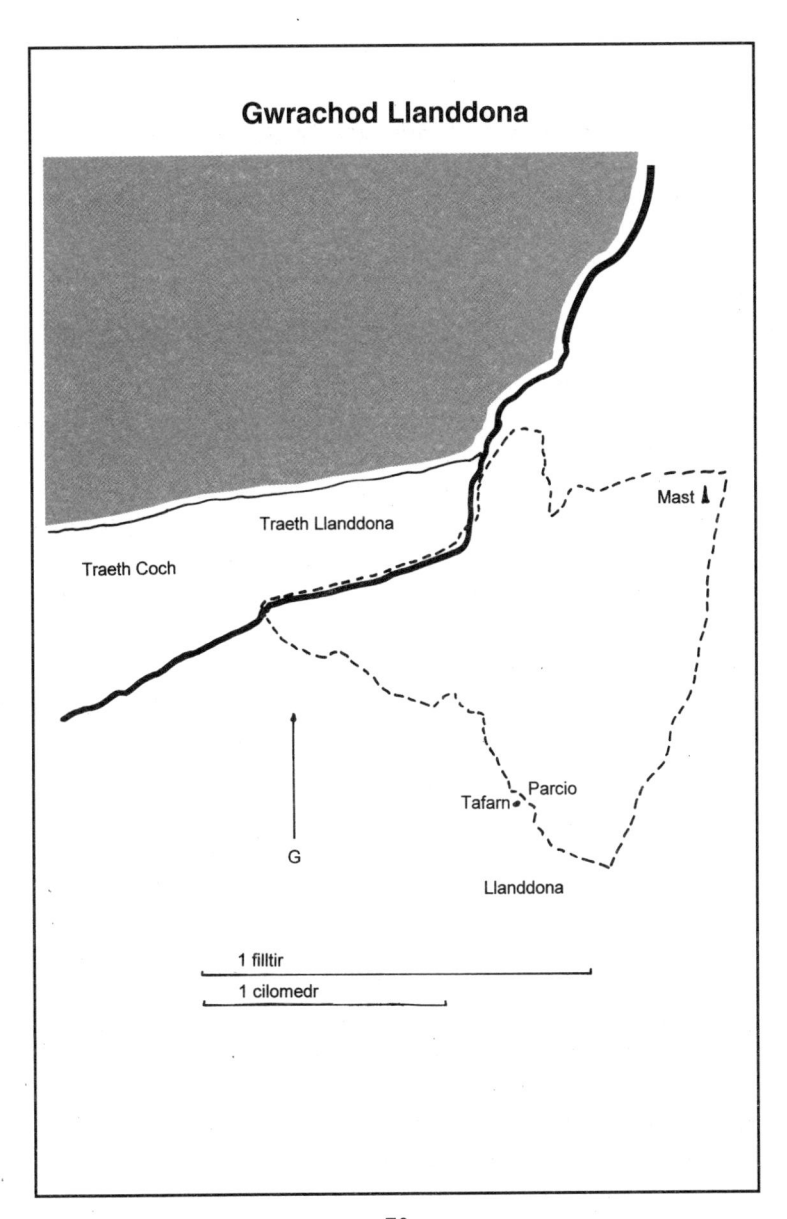

Traeth Llanddona

Traeth Coch

Mast

Tafarn Parcio

G

Llanddona

1 filltir

1 cilomedr

Yr enwocaf o wrachod Llanddona oedd Siân Bwt. Un fechan oedd Siân, doedd hi ddim mwy na 112 centimetr o daldra meddai rhai, ac roedd ganddi ddau fawd ar ei llaw chwith. Mae rhai'n dweud bod disgynyddion y gwrachod yn dal i fyw yn yr ardal.

Y DAITH

O Landdona i lawr i'r traeth ac yn ôl heibio'r mast teledu. 6 milltir – 2 awr.

Parciwch ger tafarn Owain Glyndŵr. I'r rhai sy'n cyrraedd ar y bws, mae arhosfan cyn cyrraedd y dafarn. O'ch blaen, fe welwch arwydd 'I'r Traeth'. Dilynwch o a mynd i lawr yr allt. Fe ddowch at gyffordd gyda hyn: ewch i'r chwith, ac i lawr allt serth tuag at y môr. Ar waelod yr allt, dilynwch y lôn i'r dde nes y dowch at faes parcio bychan a Chaban y Traeth, ble y cewch ddiod a rhywbeth i'w fwyta yn ystod tymor yr haf.

I'r chwith, fe welwch lwybr yn mynd drwy'r twyni. Ewch ar ei hyd ac fe gyrhaeddwch Draeth Llanddona. Ar y chwith i chi mae Traeth Coch. Yma, ganrifoedd yn ôl, y cafwyd brwydr rhwng y Cymry a Llychlynwyr oedd newydd lanio ar Ynys Môn. Roedd cymaint wedi'u lladd a'u hanafu, medden nhw, nes bod y traeth yn goch gan waed – a dyna sut y cafodd ei enw.

Ond troi i'r dde fyddwch chi, a cherdded i ben pella'r traeth. Yma, fe welwch arwydd Llwybr yr Arfordir. Dilynwch y llwybr i fyny'r grisiau at giât mochyn. Ewch drwy'r giât ac ar hyd ochr y cae, yna dilyn y llwybr i fyny'r llethr tuag at fyngalo. Camwch dros gamfa a thrwy giât ger y bwthyn, ac yna i'r dde i fyny'r lôn, heibio i lond llaw o dai.

Wedi cyrraedd cyffordd, ewch i'r chwith ac i fyny lôn

serth tuag at y mast teledu. Oddi yma fe gewch olygfa wych o Draeth Coch a Thraeth Llanddona. Ymlaen â chi at y mast ac at gyffordd arall. Trowch i'r dde ac ar hyd y ffordd. Er nad oes llawer o draffig fel arfer, cofiwch gadw at ochr y ffordd. Ymlaen â chi at gyffordd arall, trowch i'r dde yma ac fe ddowch yn ôl i Landdona. Ymlaen â chi, heibio i stad o dai ar y dde, nes y dowch yn ôl at dafarn Owain Glyndŵr.

WELSOCH CHI'R RHAIN?

1. Sawl llew sydd ar arfbais Owain Glyndŵr?

   ....

2. Beth ydy enw'r tŷ agosaf at y traeth wrth fynd i lawr yr allt?

   ....

3. Ar arwydd Cymdeithas Gwarchod Traeth Coch, beth sy'n cael ei wahardd?

   ....

4. Beth ydy enw'r tŷ olaf ar y traeth cyn mynd am y llwybr?

   ....

5. Ger y mast, beth ydy graddfa'r allt?

   ....

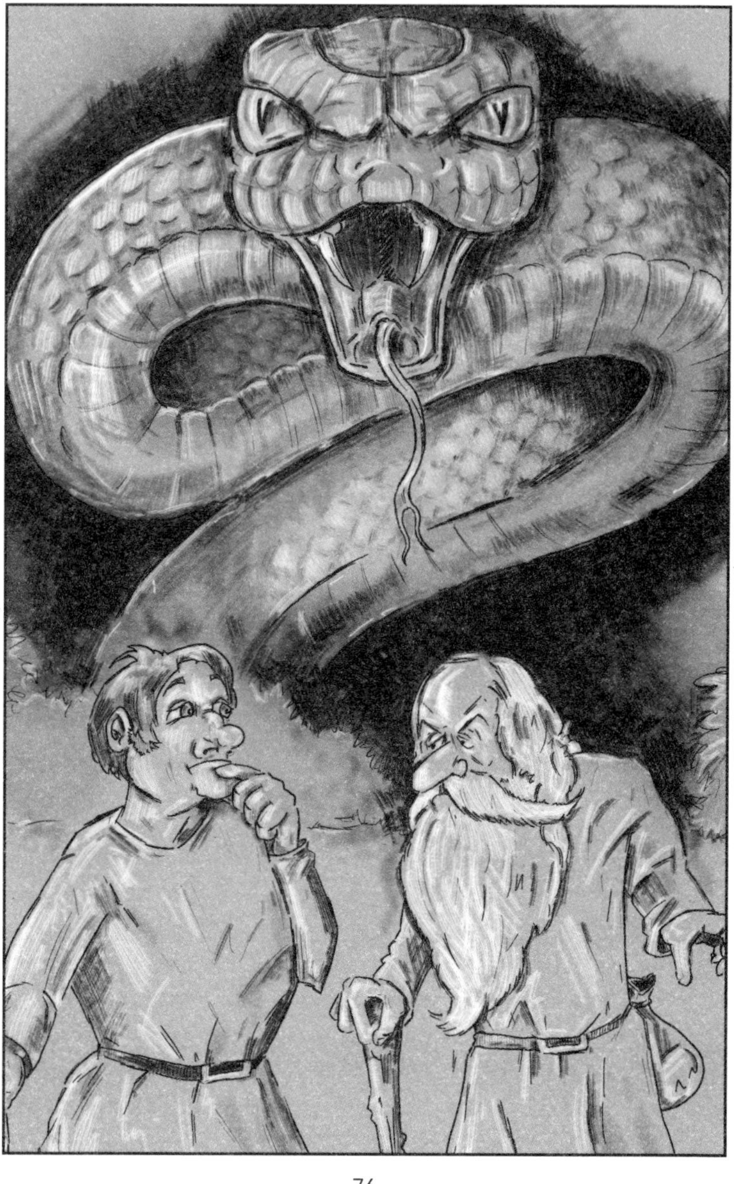

Neidr Penhesgyn

Y STORI

Un tro, rai cannoedd o flynyddoedd yn ôl; daeth neidr fawr i blwyf Penmynydd. Ar y pryd, roedd gŵr a gwraig a'u mab yn byw yn fferm Penhesgyn. Un diwrnod, daeth dewin draw i'r fferm a dweud wrth y tad y byddai'r neidr yn lladd ei fab.

Gan mai hwn oedd ei unig fab, a chan fod gan y ffermwr ddigon o arian, trefnwyd i'r mab fynd i Loegr, ymhell oddi wrth y neidr.

Byddai'r neidr yn cuddio mewn mieri ac eithin ac roedd yn anodd iawn cael gafael ynddi. Roedd ar y rhan fwyaf o bobl Penmynydd ofn mynd yn agos ati. Ond roedd un dyn dewr yn eu mysg. Aeth at guddfan y neidr, a thra oedd ffrind yn cadw golwg rhag ofn i'r neidr ymddangos, aeth y dyn dewr ati i gloddio twll.

Yna, rhoddodd badell gopr fawr ar draws y twll. Ddiwrnod yn ddiweddarach, a'r haul yn tywynnu a disgleirio ar y badell, daeth y neidr fawr allan o'i nyth yn y mieri a llithro'n araf i gyfeiriad y badell. Gwelodd neidr arall, yn union yr un fath â hi ei hun! Doedd hi ddim yn deall mai adlewyrchiad ohoni hi ei hun oedd hi'n ei weld. Doedd hi ddim yn hapus o gwbl bod neidr fawr arall yn byw ar diroedd Penhesgyn, felly ymosododd arni! Gan hisian a phoeri ei gwenwyn ac ysgwyd ei chynffon hir, tarodd ei phen yn erbyn y badell dro ar ôl tro.

Neidr Penhesgyn

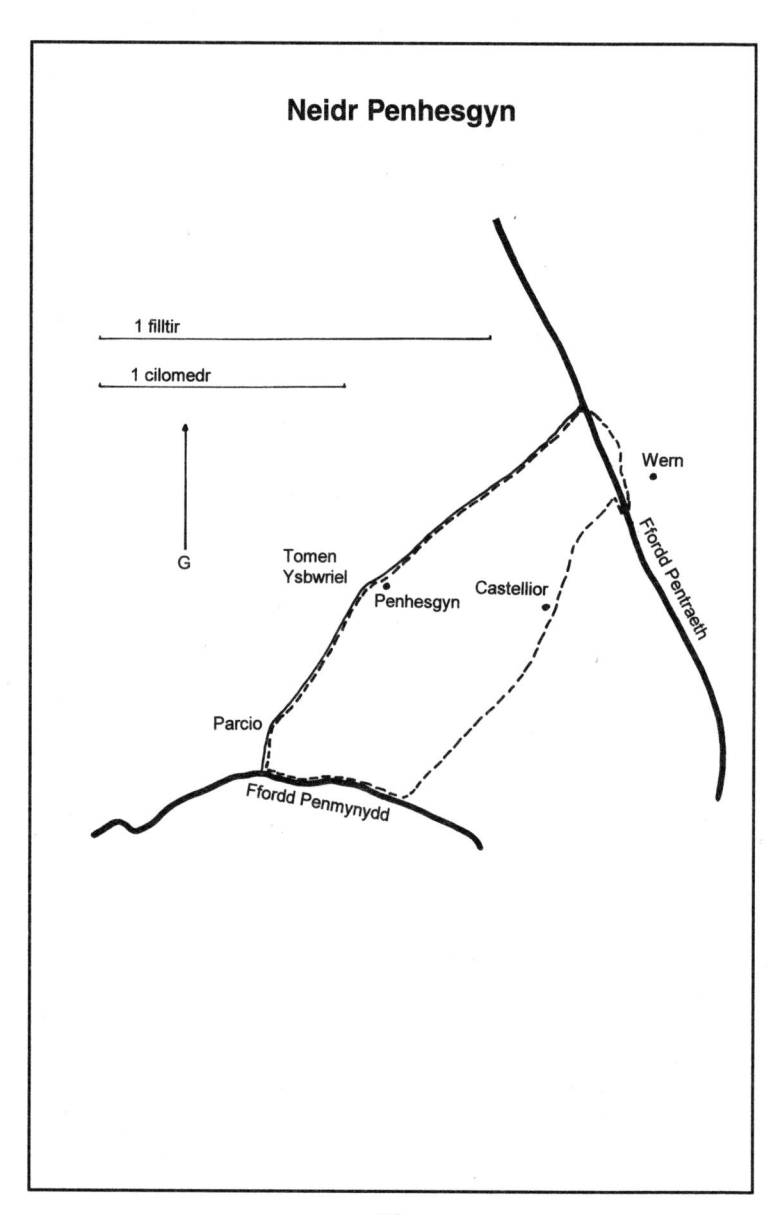

1 filltir

1 cilomedr

G

Tomen Ysbwriel
Penhesgyn
Castellior
Wern
Ffordd Pentraeth
Parcio
Ffordd Penmynydd

O'r diwedd, doedd dim o'r gwenwyn ar ôl ac roedd wedi blino cymaint fel na allai lusgo ei hun yn ôl i'w thwll. Roedd y dyn dewr wedi gwylio hyn i gyd a daeth allan o'i guddfan y tu ôl i lwyn eithin, ei tharo ar ei phen â'i bastwn a'i lladd.

Daeth trigolion Penmynydd i gyd i weld y neidr anferth a gyrrwyd neges i fab Penhesgyn yn Lloegr i ddweud wrtho ei bod yn ddiogel rŵan iddo ddod adref. Aeth y dynion ati i wneud twll anferth a chladdu'r neidr ynddo.

Daeth y bachgen adref i Benhesgyn a mynnodd gael gweld y neidr. Agorwyd y twll a gwelodd sgerbwd y neidr. "Dyna ti," meddai'r mab gan roi cic i benglog y neidr, "am achosi cymaint o drafferth i bawb!"

Ond gan mai mab i deulu cyfoethog oedd hwn, esgidiau tenau o ledr da oedd ganddo, nid esgidiau cryfion fel y rhan fwyaf o'r bobl, ac aeth un o ddannedd y neidr drwy'r esgid i mewn i'w droed. Roedd y mymryn bach o wenwyn oedd yn dal i fod yn y dant yn ddigon i ladd y mab yn y fan a'r lle.

Roedd geiriau'r dewin wedi cael eu gwireddu!

Y DAITH

O Ffordd Penmynydd heibio Penhesgyn i Ffordd Pentraeth, ac yn ôl heibio Castellior.
3½ milltir – 1½ awr
Oddi ar Ffordd Penmynydd (sy'n rhedeg rhwng Porthaethwy a Llangefni), chwiliwch am arwydd Tomen Ysbwriel. Trowch i gyfeiriad y domen, ac yna wedi ychydig fetrau fe gewch le i barcio'r car ger Penhesgyn Newydd. Mae bysiau'n teithio ar hyd Ffordd Penmynydd ac fe allech ddod i lawr ger yr arwydd Tomen Ysbwriel.

Ewch ymlaen ar hyd y ffordd, heibio Penhesgyn Hall a'r fynedfa i'r domen. Byddwch yn ofalus ar y ffordd yma, gan fod lorïau'n teithio'n gyson ar ei hyd i'r domen. Awgrymir eich bod yn gwneud y daith ar y penwythnos pan fydd y domen wedi cau.

Cariwch ymlaen ar hyd y ffordd yma, gyda golygfeydd gwych o fynyddoedd Eryri ar y dde i chi. Fe ewch heibio i Fferm Penhesgyn ar y dde, ac yna cyrraedd y ffordd fawr – Ffordd Pentraeth. Trowch i'r dde a cherdded ar y glaswellt nes y byddwch gyferbyn ag arhosfan bws. Croeswch yma, ond byddwch yn ofalus iawn gan fod y ffordd yn un brysur.

Wedi croesi, ewch yn syth ymlaen a dilynwch yr hen ffordd heibio i fferm y Wern, nes dod yn ôl i Ffordd Pentraeth. Croeswch y ffordd yn ofalus, a cherdded i'r dde ar hyd y palmant tuag at fynedfa fferm Castellior. Ewch i lawr tuag at y fferm, a dilyn y ffordd i'r chwith drwy'r buarth, heibio'r adeilad hardd ac yna ffermdy Castellior. Cerddwch ymlaen ar hyd y ffordd nes dod at grid gwartheg. Ewch drosto a throi i'r dde ar hyd y ffordd ac yna'n ôl i Ffordd Penmynydd.

Cerddwch yn ofalus ar ochr dde'r ffordd, ar y glaswellt pan yn bosib. Fe ewch heibio'r Hen Efail a'r Hen Dyrpeg ar y dde i chi nes dod yn ôl at yr arwydd Tomen Ysbwriel. Trowch i'r dde ac yn ôl at y car.

WELSOCH CHI'R RHAIN?

1. Beth ydy rhifau trwydded y domen ysbwriel?

   ....

2. Beth ydy enw'r byngalo ar y chwith cyn cyrraedd Ffordd Pentraeth?

   ....

3. Ar yr arwydd ar Ffordd Pentraeth, sawl milltir sydd i Lanfairpwll?

   ....

4. Sawl seren Bwrdd Croeso sydd gan fferm y Wern?

   ....

5. Ger arwydd Castellior, mae enw tŷ arall. Beth ydy o?

   ....

6. Beth ydy enw'r tŷ agosaf at yr arwydd Tomen Ysbwriel?

   ....

Dyma'r adar welais i	Dyma'r anifeiliaid welais i	Dyma'r blodau welais i

Dyma'r adar welais i	Dyma'r anifeiliaid welais i	Dyma'r blodau welais i

Dyma'r adar welais i	Dyma'r anifeiliaid welais i	Dyma'r blodau welais i